打胜仗

酒业人才批量培养和复制

张晓丽◎著

三大方法实现人才的
批量培养和复制

秦书尧、赵禹、林向、刘春雄、杨光、林枫、张健 **联袂推荐**

SPM 南方传媒 | 广东经济出版社

·广州·

图书在版编目（CIP）数据

打胜仗：酒业人才批量培养和复制/张晓丽著. —广州：广东经济出版社，2023.9
ISBN 978-7-5454-8961-3

Ⅰ.①打… Ⅱ.①张… Ⅲ.①白酒—酿酒工业—人才培养—研究—中国
Ⅳ.①F426.82

中国国家版本馆 CIP 数据核字（2023）第 157968 号

责任编辑：易　伦
责任校对：李玉娴
责任技编：陆俊帆
封面设计：林佳荣

打胜仗——酒业人才批量培养和复制
DASHENGZHANG——JIUYE RENCAI PILIANG PEIYANG HE FUZHI
出版发行：广东经济出版社（广州市水荫路 11 号 11~12 楼）
印　　刷：炫彩（天津）印刷有限责任公司
（天津市宝坻区天宝工业区宝康道 5 号-8）
开　　本：787mm×1092mm　1/16　　印　　张：14
版　　次：2023 年 9 月第 1 版　　印　　次：2023 年 9 月第 1 次
书　　号：ISBN 978-7-5454-8961-3　　字　　数：155 千字
定　　价：99.00 元

发行电话：（020）87393830　　编辑邮箱：gdjjcbstg@163.com
广东经济出版社常年法律顾问：胡志海律师　　法务电话：（020）37603025
如发现印装质量问题，请与本社联系，本社负责调换。

自序

共破人才批量培养和复制这道题

如果要用一句话来概括本书的价值，那就是“提供了一套系统的方法，帮助企业实现人才的批量培养和复制”。

“杨三角”理论告诉我们，“企业成功 = 战略 × 组织能力”。战略是企业发展曲线中的显性曲线，组织能力是企业发展曲线中的隐性曲线，只有战略和组织能力两者都强，企业才能实现可持续发展。

一个组织就是一个群体，群体中每个人的能力水平都影响到组织的整体能力水平，因此，本书要探究的问题就是如何通过有效的方法来提升一个群体中所有人的能力，从而提升组织的整体能力。

本书秉持“把一口井挖一米宽、一千米深”的精神，围绕“人才培养”这一核心，深入、系统地进行讲述。

书中所讲的案例、方法均是我服务酒业多年来的所见、所得。我认为，解决问题的关键手段都是“让组织能够快速批量培养和复制人才”。“快速”“批量”是其中的关键词，因为衡量人才培养效率的指标就是速度和数量。

“十年树木，百年树人”，培养人才并不容易，但如今白酒赛道上的竞争异常激烈，商业环境更是变化无穷，数字化、人工智能、跨界行为、行业的周期性波动等都会给企业的经营带来冲击，因此，企业必须要在短时间内快速培养出大量人才，以使自身有能力应对经营环境的变化。

虽说培养人才的效率决定了企业的迭代和发展速度，但我并不倡导那些急功近利、揠苗助长的做法，因为那么做只会使人才的能量透支，“战士”们更容易倒在“战场”上。我倡导的是使用科学有效的方法，尽可能提升培养人才的效率。在本书中，我给出了三大方法：

（1）把有效动作和业务管理流程标准化，实现优秀经验的规模化复制，让平凡的人也能做出非凡的业绩。

有研究认为，不同能力水平的人在组织中的占比遵循“721 法则”：70% 的人能力普通，20% 的人能力优秀，10% 的人能力偏低。换句话说，一个组织中有 80% 的人是“平凡人”。那组织如何用这占大多数的“平凡人”去成就“非凡事”呢？最佳的方法就是从组织中萃取出优秀经验并将其转化为标准化规范，使其可被复制到每一个人身上。本书的第一部分详细讲解了如何通过把业务有效动作标准化来批量培养业务能手，如何通过把业务管理流程标准化来批量培养管理干部，并用一系列的案例进行说明。

（2）构建企业专属培训体系，用培训链接经营管理、业务动作和标准化规范的落地执行，通过有效学习推动企业战略落地，实现“战略—策略—动作—执行—业绩”的赋能型增长和扩张。

如同部队培训新兵一样，一定要让受训者在接受培训后就知道怎么捆炸药包、怎么瞄准、怎么侦查、怎么出作战方案、怎么行动。本书的第二部分中有一家大型老牌酒企开展有效学习的案例和一家新创酒企开展有效学习的案例：老牌酒企在2016年开始搭建专属培训体系之时的年营收是44亿元，到2022年，年营收已达到260亿元。之所以能取得如此巨大的进步，原因在于这家老牌酒企通过改变人才培养模式获得了大量人才，这些人才帮助企业获得了令同行赞叹的发展速度。新创酒企2021年4月才开始组建业务团队，但到2022年底，公司已经拥有了400人规模的稳定的业务员队伍，完成了在本省所有市、县的招商和布局，并建立了包括省会市场在内的三个精细化运营样板市场。这两个案例将坚定我们“学习是推动组织成长和团队成长最有效的方法之一”的信念。

（3）设计与战略相匹配的组织管理体系，确立组织架构、岗位职责、薪酬绩效、激励制度、管理流程等，并不断优化组织管理体系，以解决组织及员工的治理问题。

组织的顶层设计是企业发展的底层支撑，它同时也会对人才的引进和留存产生影响。在本书的第三部分，我通过几个酒商的案例来系统地描述如何进行组织变革和组织升级，以及如何建立组织管理体系。

我是“学习促成长”理念坚定的拥护者，也是受益者。我阅读过大量案例类书籍，这些书籍让我获益匪浅，因此我也相信案例式教学是最好的教学方式之一。透过案例，我们可以看到成功背后隐藏的原理、逻辑、方法和细节，我们可以思考、借鉴、利用这些关键要素，更快地到达成功的彼岸——当然，绝对不能抄袭，正所谓“学我者生，似我者死”。

把我为企业提供服务的案例写成一本书一直是我的心愿，如今，这个心愿终于实现了。感谢所有我服务过的客户，是他们为我提供了写作的素材。我希望读者在阅读完本书后，能参透三大方法涉及的原理，了解应用细节，掌握具体的实施方法，也希望本书的价值能得到读者的认可。

感谢酒业同仁对我的支持和厚爱，我将带领我的团队继续前行。为行业提供价值是我的职业使命，我将一如既往，乐此不疲！

张晓丽

2023 年 3 月于三亚

名人寄语

企业取得成功的关键在于有正确的战略及与之匹配的组织能力。对于酒业中的企业而言，晓丽老师在组织能力上的研究和实践经验极具价值。《打胜仗——酒业人才批量培养和复制》是晓丽老师在酒业10余年的探索研究成果，它将组织成长的实现路径清晰地刻画了出来，非常适合酒企和酒商各个层级的人员阅读。读完本书，读者将习得批量培育、复制人才的方法和组织建设的方法，以及业务管理的逻辑和清晰的业务动作。

——云酒传媒创始人、酒业创新与投资大会发起人　秦书尧

这些年来酒商们都在谈转型，但要想真正转型成功难上加难，原因就在于酒商们往往忽略了在企业发展中处于基础地位的组织能力打造，业务模式改变后，配套的组织能力却没能跟上。这就相当于没学好扎马步就想练成绝世武功。《打胜仗——酒业人才批

量培养和复制》这本书中酒商打造组织能力的真实案例很值得借鉴，我真诚向各位同仁推荐这本极具实战性的书。

——中国酒类流通协会副秘书长　赵禹

组织能力是执行力的基础。进入酒业多年，我发现，但凡能持续成长的企业，不管战略是几流，组织能力绝对是一流；反之，那些连年走下坡路的企业，组织能力肯定很“拉胯”。晓丽老师是酒业中为数不多的研究组织建设的专家，这本新书充分展现了她多年来的研究和实践成果，我相信所有希望在组织建设方面有所建树的酒企都能从本书中得到启发。

——酒业家传媒董事长、中酒展组委会秘书长、首届贵州茅台智库专家　林向

2017 年我写下《快速批量低成本打造精英团队》一文，该文章的核心观点是企业要找到快速培养人才的有效模式，而不是靠“大浪淘沙”——一种既慢，又让人才培养成本高企的方式。我给出的方法是应该把培训与工作结合起来，在工作中培训，在培训中工作，同时新手要有“教练”带，不能跑单帮，如此方能提高人才的培养速度和留存率。张晓丽在《打胜仗——酒业人才批量培养和复制》这本书中提到的很多做法——无论是搭建企业专属培训体系，还是将有效动作标准化——都与我的文章理念一致、方法相近，都是企业高效培养人才的有效方式。

——渠道数字化营销专家、“新营销”系列丛书作者　刘春雄

酱酒火，清香热，不管是哪个香型崛起，酒业中的抢人大战从未停止过。什么是有效动作？人才如何培育？团队怎么管理？如何打造团队执行力？这是酒业第一本研究人才培育和组织建设的书籍，不管是希望“从0到1”建团队，还是“从1到100”批量复制优秀人才，抑或是想要激发组织活力，酒企和酒商们都可以在这本书里找到答案。

——北京正一堂战略咨询机构董事长　杨光

我与晓丽老师在一次行业论坛上结缘，对于组织建设，她有深厚的理论修养和丰富的实践经验。企业初创之时，靠的是一群人用激情去开拓业务，但要把企业做强、做久、做大，就必须系统地开展组织建设。很多企业创立之后业务飞速发展，但最终却止步于成长期，问题就出在组织能力不足上。只有业务能力和组织能力同步增长，企业才能实现良性发展。我相信，任何一个想要有所建树的酒业人看完此书后都会击节叫好。

——北京君度卓越咨询有限公司董事长、北京链e链网络科技有限公司首席执行官　林枫

组织能力和人才的重要性不言而喻。企业的经营要存续，方向大致正确即可，但企业要想持续发展，就需要组织有活力、员工能力不断迭代升级。晓丽老师的这本书，讲述了迅速批量培养人才的三大方法——把有效动作和业务管理流程标准化、构建企业品牌专属培训体系、设计与战略相匹配的组织管理体系，而快

速批量培养人才正是提升组织能力的主要抓手，相信那些正在寻求组织能力和团队行动力升级的企业管理者看完本书后会产生共鸣。

——智邦达咨询董事长　张健

目　录

第一部分　标准化：批量执行高效动作

第二部分　学习革命：建立企业专属培训体系

第三部分 酒商的人才培养与组织力构建

第一部分

标准化：批量执行高效动作

第1章
厘清业绩增长的底层逻辑

边读边想：

（1）如果战略没问题，那么到底是什么影响了公司的业绩？

（2）公司业绩是少部分能人的贡献多还是大部分普通人的贡献多？

一、从企业运营体系看业绩的获得

（一）有竞争力的企业运营体系——既要做正确的事，又要正确地做事

（二）有效动作的执行情况关乎战略落地和业绩

（三）白酒行业中的企业比拼的是有效动作的执行能力

二、影响业绩的四类动作

（一）有效动作与废动作

（二）创新产生在不断的重复中

三、用标准化打造高效团队

（一）标准化：去掉不创造价值的环节，凸显创造价值的环节

（二）让平凡人做非凡事：让 80% 的员工贡献 80% 的业绩

（三）优秀能力在团队中的裂变和扩张：人人复制有效动作

一、从企业运营体系看业绩的获得

（一）有竞争力的企业运营体系——既要做正确的事，又要正确地做事

构建有竞争力的企业运营体系是保证企业获得业绩及实现业绩持续增长的关键。

企业运营体系由“头部”的顶层设计、“腰部”的策略方法、“腿部”的执行体系共同组成。

顶层设计包括企业的理念（使命、愿景、价值观等）和战略、目标，它决定了企业要做一份什么样的事业以及按什么样的规则去做，因此，企业一定要有正确的顶层设计，即“要做正确的事”。

在顶层设计的指引下，企业制定出可使战略落地的策略和方法；当策略和方法被转化成有效动作且被团队有效执行时，业绩就会产生。阶段性的业绩就是一个个子目标，子目标叠加起来就是企业的总目标。策略和方法应被正确执行，即“要正确地做事”。

企业运营体系与业绩的关系如图 1－1 所示。

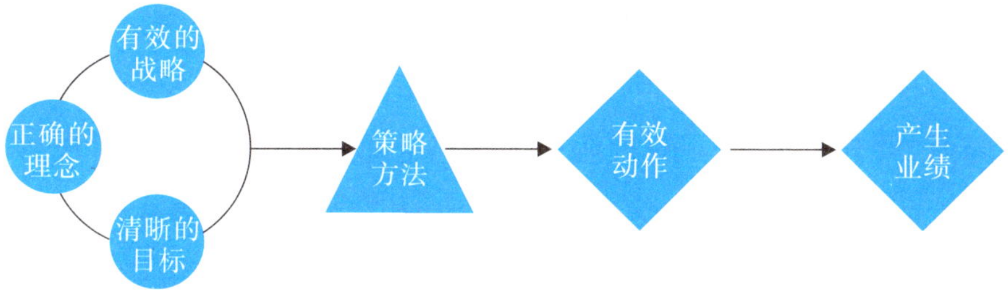

图 1－1　企业运营体系与业绩的关系

（二）有效动作的执行情况关乎战略落地和业绩

无论理念多么正确，战略多么有效，目标多么清晰，它们都不会直接带来业绩，只有把由策略和方法转化而来的有效动作执行好，业绩才会产生。如果有一流的战略却只有三流的执行，那么企业不会获得成功；如果只有三流的战略但有一流的执行，那么企业还是有机会获得成功的。

“业绩＝正确理念×有效战略×有效动作”，要把理念、战略变为有效动作，并执行好有效动作。

企业只有长期正确地执行有效动作，才能持续获得业绩。

（三）白酒行业中的企业比拼的是有效动作的执行能力

为什么白酒行业中的企业比拼的是有效动作的执行能力而非其他呢？

首先，白酒行业的发展有规律性，所有的企业都很容易找到战略方向，拼战略行不通。

自 2016 年起，“酱香热”成为行业风潮；2021 年下半年“酱香热”回落后，“清香热”又兴起。浓香、清香、酱香三大香型白酒的消费者基础皆广泛而扎实，有产区壁垒，有众多规模企业，不会出现某个香型白酒独领风骚，某家企业一家独大、垄断市场的局面，“轮流坐庄”的行业规律让各企业在做战略选择时很容易找到方向。当大家的战略方向都一致时，那接下来要比拼的就是谁的策略和方法更得当，谁的有效动作执行得更好、更扎实了。

回顾2021年下半年以及2022年的“酱酒冷”，我们发现受“寒潮”影响的多半是那些组织建设不完善、“肿瘤式增长”的企业，即那些招商即销售、销售即招商，靠单一策略和能力获得发展的企业，而那些组织能力强、有效动作执行得扎实的企业依然发展强劲，如习酒集团、今世缘酒业等。

当下流行的“清香热”是由近年来市场销售持续良性增长的汾酒带动的，与其说是“清香热”，不如说是“汾酒热”。汾酒集团自2016年起业绩多年持续高增长，这是企业深度落实和执行战略、对市场进行精细化管理和运营的结果，这种增长是“肌肉式增长”。所以，无论是想乘风借力分得一杯羹的清香型白酒生产企业还是酒商，如果不苦练内功，不具备对市场进行精耕细作的能力，那么很难在这一波“清香热”中拿到趋势红利。

其次，白酒行业是一个在我国存在多年的传统行业，业内的酒企、酒商在营销策略上大同小异，拼营销策略行不通。

在当下的时代，新的营销工具和新的销售渠道层出不穷，电商平台已沦为传统销售渠道，快手、抖音直播卖货方兴未艾。它们确实颠覆了很多行业，但对于白酒行业而言，线下的烟酒店和餐饮店依然是很重要的两条销售渠道，而在这两条销售渠道上可采用的营销策略大同小异。社群营销这几年蓬勃发展，但对于白酒行业来说，社群营销本质上依然是团购业务模式，白酒推广常采用的举办品鉴会、开展回厂游等营销手段同样适用于社群营销。在这种情况下，酒企和酒商只能比拼营销的穿透力和持久力，谁做得更优、更好、更持久，谁就可以从竞争中胜出，本质上，这也就是比拼营销有效动作的执行能力。

最后，数字技术在白酒行业普及应用是未来的趋势，酒企和酒商都需要利用数字化手段来整合渠道资源、重构运营模式，提升运营效率。落实数字化的有效动作执行得好还是坏，将影响酒企和酒商在行业竞争中地位的优劣程度。

二、影响业绩的四类动作

（一）有效动作与废动作

从企业运营系统与业绩的关系中我们看到，只有理念、战略被转化为能创造业绩的有效动作并得到落实执行，企业才能真正获得业绩和可持续发展。

要想知道什么是有效动作，就要先了解影响业绩的四类动作。这四类动作分别是错误动作、无效动作、低效动作和高效动作，如图 1－2 所示。

第一类动作是错误动作，即与企业理念、目标相违背的动作。错误动作有时候可在短期内创造业绩，但是从长期来看，这类动作对组织有伤害，因此应该被禁止。在白酒行业中，串货就是一个典型的错误动作。业内的各企业均对串货行为深恶痛绝，但我

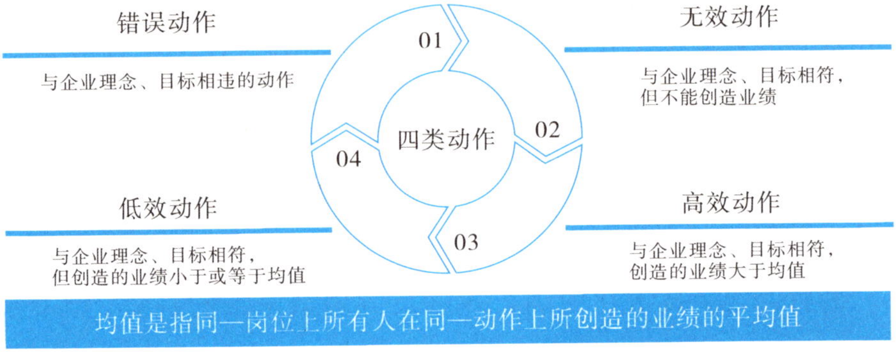

图 1－2 影响业绩的四类动作

们知道，很多串货行为的始作俑者就是白酒生产厂家的业务员，他们的短期逐利行为造成了市场秩序的混乱。还有一个比较典型的错误动作是过度承诺。一些业务员为了拿到订单，在客户面前许下一堆极具吸引力的承诺，但后期却无法兑现，最终导致企业失去客户的信任。

记得有一天，一个酒商给我打电话，说他遇到了一个问题：公司一个十几年来业绩一直不错的老员工将应该卖到山东的货串回了江苏，导致江苏某地出现了货品价格混乱的现象，当地经销商、终端商的意见很大，纷纷打电话给他，要求他快速处理此事，否则就会停止进货甚至退货。他不能理解的是，这名老员工同时还是一名管理干部，怎么会突然做出这样的事情？他问我怎么处理，我建议他先深入了解情况再说。隔天他打来电话说原因查清了，是因为这名老员工的一位亲人突然查出患有癌症，需要一大笔治疗费，老员工在不得已的情况下才出此下策。他既同情这名老员工的遭遇，又要对当地的合作伙伴们有所交待。我给了他以下建议：要求这名老员工第一时间将串出的货收回，并当面向受到影响的经销商和终端商道歉，同时按公司规定缴纳罚款及接受相应的处罚；考虑到这名老员工多年来为公司做出过极大贡献，建议公司组织员工为其捐款，老板自己则以个人名义借款供其救急。这个建议所遵循的原则就是“错误动作必须极力避免，否则会持续对组织造成伤害”。

第二类动作是无效动作，即跟企业理念、目标相符，但是不能创造业绩的动作。我相信大家经常会在团队中看到这样的员工——工作勤勤恳恳、忙忙碌碌，却总是没有业绩，我们可以断定这类员工在工作中做的动作都是无效动作。

第三类动作是低效动作，即跟企业理念、目标相符，能创造业绩但业绩小于或等于均值的动作。举一个简单的例子：某业务团队正在铺市，要求每个团队成员平均每天铺5家，如果有人超额完成了任务，而有人仅仅达标甚至没完成任务，那么后者多半是做了低效动作。

第四类动作是高效动作，即跟企业理念、目标相符，创造的业绩大于均值的动作。在上面铺市的例子中，超额完成任务的人多半是做了高效动作。

现在我们可以给出有效动作的定义：“有效动作＝低效动作＋高效动作”。

任何一个团队在落实策略和方法的过程中都不可避免地会经历一个探索和实践的过程，所以难免会有人做低效动作，甚至整个团队在实践探索的前期都会因经验不足而做低效动作。也就是说，虽然我们希望团队在实践中做的低效动作尽可能少，但它始终是不可避免的客观存在，因此，在实践探索的过程中，我们要做阶段性的复盘，对低效动作进行优化。

同理，我们给出废动作的定义："废动作 = 错误动作 + 无效动作"。

我们经常听管理者对下属说："你这个人的废动作太多。"但光会指出问题还不行，管理者在发现下属做了废动作时，还要能区分出他是做了错误动作还是做了无效动作。

当团队做的有效动作多于废动作时，才会有业绩；高效动作在有效动作中的占比提高，业绩才会提升。因此，企业团队要想业绩好，就必须找到有效动作尤其是高效动作，并且把有效动作标准化，让更多的团队成员可参照执行。

（二）创新产生在不断的重复中

企业的经营过程归根结底是一个用有限资源创造最大价值的过程，只有集中所有资源强化有效动作，使有效动作可被重复使用，才能最大化利用资源。重复有效动作所创造的业绩越多，说明资源的使用效率越高，公司的经营越可持续。

很多企业担心重复有效动作的行为会扼杀创新，但实际上两者并不矛盾。重复动作可以深入认知、优化动作、降低成本、提升效率，而且重复的次数多了，自然而然就会产生动作创新，即有效动作的动态迭代。

不要指望业务新手在第一次与客户打交道时就能娴熟地应用

所有的沟通技巧来探知客户的所有需求，也不要指望举办一次品鉴会就能使客户获得巅峰体验。无论是个人还是团队，都需要不断地重复有效动作，在熟练运用有效动作的过程中，发现将低效动作变为高效动作的方法，实现有效动作的螺旋式迭代，使业绩不断提升。

三、用标准化打造高效团队

（一）标准化：去掉不创造价值的环节，凸显创造价值的环节

说到标准化，就不得不提到一个人——弗雷德里克·温斯洛·泰勒，他被誉为“科学管理之父”，是标准化管理理论的创始人。泰勒认为，科学管理的根本目的是谋求最高劳动生产率，即让工人的工作效率最高，而要实现这一点，一个重要的管理手段就是用科学的、标准化的管理方法来代替经验管理法。

泰勒曾在米德维尔工厂工作，他从一名学徒工开始做起，先后被提拔为车间管理员、小组长、工长、技师、设计室主任和总工程师。在这家工厂的经历，使泰勒了解了工人们普遍怠工的原因，他觉得缺乏有效的管理手段是阻碍劳动生产率提高的关键因素，为此，他开始探索科学的管理方法。泰勒花费了多年时间来系统地研究、分析工人的操作方法和他们做动作所花费的时间，逐渐形成了一套科学管理理论。这套理论认为，要提高劳动生产率，需要做到四点：

（1）进行调查研究，并以此作为确定任务定额和操作方法的依据。

（2）制定有科学依据的任务定额，确定标准化的操作方法和操作工具。

（3）拟订计划，发布指令或命令。

（4）把标准化要求与实际工作情况进行比较，以便进行有效控制。

泰勒的研究成果是以工作流程标准化——各个环节和要素标准化——作为表现形式的，也就是说，他在研究过程中发现工人们在工作的时候有很多行为是不科学的，导致工作效率非常低下。用科学的方法去观察一个流程、一个动作，看到底哪些环节是创造价值的，哪些环节是不创造价值的，然后去掉一切不创造价值的环节，放大凸显创造价值的环节，这就是泰勒标准化管理思想的根本立足点。

一言概之，所谓标准化，就是去掉工作、管理过程中不创造价值的环节，基于有价值的环节形成标准化的操作指导方案，让所有的工作和管理操作明晰且可复制。

（二）让平凡人做非凡事：让 80% 的员工贡献 80% 的业绩

确信标准化具有价值，源于我服务一家快消品公司的经历。

这家公司主要做 B 端业务（企业业务），全年销售额在 200 亿元左右。2018 年之前，这家公司就想拓展 C 端业务（个人消费者业务），也做了一些拓展 C 端业务的动作，但因为 C 端业务具有规模化、周期长的特点，团队组建难度大，所以一直没有做起来。2018 年后，这家公司重拾 C 端业务，并让我们提供团队能力建设方面的服务。

我们当时面临一个巨大挑战：公司校招了 160 名应届毕业生作为业务员，我们需要让这些刚毕业的大学生快速地了解市场，了解业务的核心逻辑，能在下市场后第一时间开展业务并做出业绩。

这家公司在 B 端业务上已实施了标准化，而且这种做法确实对公司的发展起到了积极推动作用。鉴于此，我们与该公司商量，将 B 端业务的标准化方法移植到 C 端业务上，把业务端主拓的两条渠道的相关业务流程进行标准化，用标准化操作手册和配套的工具作为培训教材来开展集训。

该公司的 C 端业务虽然整体没有做起来，但是在天津市场做得还是非常不错的，所以我们就对天津市场的业务经验进行了总结提炼，在此基础上形成了标准化操作手册并用其来对新招的业务员进行培训。培训结束之后，我们把这些业务员放到两个市场中开展实操拉练，在拉练过程中给予贴身辅导，以提升他们的能力。

这些接受过标准化培训的业务员进入市场后，基本上都能够按照规范的业务流程去操作，有条不紊地执行调研、筛选客户、谈判、铺市、推广、促销、促补、拜访等动作，业绩目标也得以达成。三个月后，这批业务员中的优秀者被选出，他们将去开拓新的市场。此后的一年之内，该公司的 C 端业务就拓展到了十几个省级市场。

很多管理者总是认为企业受困于无优秀人才可用，也常常寄希望于能够招到能人。我想给这些管理者泼一盆冷水：绝大多数企业的人员构成遵循“721 法则”，即有 70% 的人能力普通，只有

20% 的人能力优秀，还有 10% 的人是需要被淘汰的。企业管理要解决的一个重要问题就是如何让平凡人做非凡事，即如何让平凡的人也能做出非凡的业绩。解决这个问题的一个很重要的手段就是标准化——通过标准化，让能力普通的人也能与能力优秀的人一样取得不俗的业绩，保障企业的利润，如此，企业将持续发展，而员工也能留下来。

（三）优秀能力在团队中的裂变和扩张：人人复制有效动作

团队的管理者经常会遇到两个难题：一是同一岗位上的人员的能力参差不齐。二是当老人离职或调岗时，新人不能快速接手。

解决这两个难题的办法同样是标准化。管理者要从团队中找到榜样，再通过标准化手段把榜样的行为复制到其他人的身上，让其他人知道该做什么，不该做什么。把榜样做的有效动作变成标准化规范之后，其他人直接拿来用就可以了，这种高效、低成本的行为复制大大减少了时间和精力的浪费。标准化之后，同样的人用同样的资源花费同样的时间可以取得更多的业绩，团队能力自然变得更强。

从组织角度来看，某项能力如果不能标准化，那么这项能力就不属于组织，仅属于极少数人，只有通过标准化将能力变得可复制，组织中的每个人都可学会，它才会变成组织能力的一部分。

划重点：本章我们从企业运营的角度明确了企业战略落地的关键是将其转化为有效动作并执行，有效动作的执行效果直接决定了业绩水平。标准化能低成本地快速复制有效动作，凸显业务流程中能创造价值的环节；能实现优秀能力在团队中裂变和扩张，使团队中绝大多数的人具备企业需要的能力，平凡人也可成就非凡事。

第 2 章

有效动作标准化：批量复制高效动作

边读边想：

（1）您的团队中有哪些经验值得复制？

（2）形成标准化规范的过程有哪些关键点？

一、标准化是团队打胜仗的精良武器

二、有效动作标准化的适用范畴

三、有效动作的萃取和标准化方法

（一）获得有效动作的三个途径

（二）实现有效动作标准化的五个步骤

四、标准化是一种经营认知方式

（一）站在经营策略的高度看待标准化

（二）全员具备标准化意识的重要性

（三）标准化与人性挑战

一、标准化是团队打胜仗的精良武器

我曾跟访过一家白酒企业的业务团队，当时该团队正在做终端拜访。跟了三天后，我痛心地发现，这个团队中70%的业务员每天都把70%的时间浪费在不能带来业绩的事情上。这70%的业务员在整个终端拜访过程中几乎只做了一件事，那就是不断地拍照上传系统，因为企业要求每人每天必须拜访25家终端，拜访每家终端都要上传三张不同的照片作为到访证据，如果照片拍得不合规范，还要重拍、重传。

对这次跟访进行总结时，我把这个团队中的业务员分为三种类型，这三种类型的成员在终端拜访中做法不同，拜访效率也大不相同：

第一种类型是忙着拍照应付检查型。他们每天早上醒来，脑子里想的就是如何把25家终端跑完并按要求把照片上传到系统。他们在每家终端停留的时间平均只有3～4分钟，有时会和店老板打个招呼，遇到店老板忙时干脆招呼也不打，拍完照直接走人。这类行为低效、业绩全靠“天意”的业务员在团队中的占比约为70%。

第二种类型是随机服务型。他们会随身携带抹布，整理、清洁自家企业在店的陈列品，在不同的店停留的时间不同，有时会和店老板聊一下动销状况、库存情况及补货情况。这类有服务意识但行为中又不乏低效动作的业务员在团队中的占比约为20%。

第三种类型是计划管理型。他们会给我看一下自己一天的拜访规划，告诉我各家店分别是什么情况，今天主要拜访哪家店，要完成什么任务。他们的计划清晰明了，对各家店的情况也如数家珍。这种对业务有充分规划管理、执行高效动作的业务员在团队中的占比约为10%。

看到这里，不用我说，你们也猜到了谁的业绩好、谁的业绩差。如果我们能让团队中业绩不好和业绩一般的业务员都向业绩最好的业务员看齐，那么整个团队的工作效率毫无疑问就能提升数倍。

通过这个例子，我们就能明白标准化的意义所在——让我们的战士带着精良武器，去赢得至关重要的战斗。

二、有效动作标准化的适用范畴

有效动作标准化的适用范畴可分为三类，如图2－1所示。

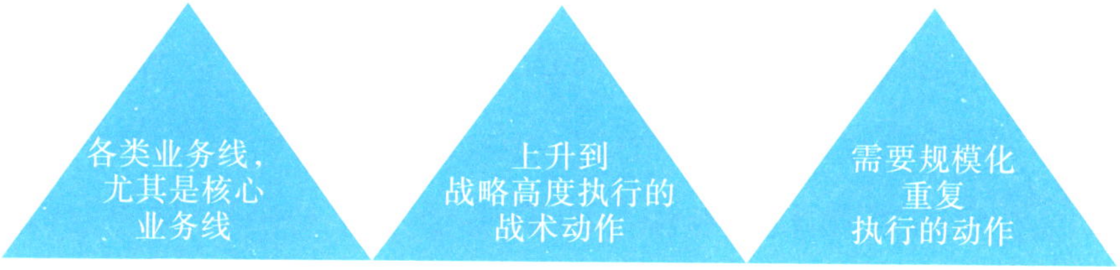

图2－1　有效动作标准化的适用范畴

第一类是企业的各类业务线，尤其是核心业务线。

酒企的业务可划分为招商业务、针对终端的业务、团购业务、专卖店业务、连锁店业务、传统电商业务、新兴直播业务等类型，在每一种类型的业务上都可以实施有效动作标准化。

绝大多数酒企的业务模式都是复合型的业务模式，有的酒企是所有的业务类型皆有开展，有的酒企是几种业务类型并行，具体要在哪条或哪些业务线上实施有效动作标准化，各企业可视业务线的地位而定。例如，如果企业需要进行规模化招商，那么就应该对招商业务的有效动作进行梳理，形成招商业务的标准化操作流程；如果烟酒店渠道、餐饮店渠道是企业的核心销售渠道，那么企业就应该把与这两条渠道相关的业务动作标准化。

每一条独立的业务线都有特定的动作要求，因此应该有单独的有效动作标准化规范。

业务线有效动作标准化的核心要求是对业务全流程实施标准化，不遗漏任何一个环节，形成完整的标准化体系。

要想提升人效，提升团队的业务能力和执行力，在核心的业务线上实施标准化是最为有效的方式之一。

第二类是上升到战略高度执行的战术动作。

要想让企业取得业绩并可持续发展，就不能不断地变换想法和方法，而是要持续对有效的方法进行迭代、优化。有很多成功的企业可以证明这点，例如华为。任正非先生在接受采访时就曾表示，华为的成功来自专注，即聚焦于一点并持续发力，他说："只有把精力集中在每一个过程，你才能获得持续、稳定的长期回报。"被称为"中国巴菲特"的赵丙贤先生著有《有效动作论（2016版）》一书，他在书中反复强调：团队长期一以贯之地重复有效动作是企业取得业绩的基本保障。《传习录》中记录了王阳明先生的话："'惟一'是'惟精'主意，'惟精'是'惟一'功夫。"

有一些业务动作，只要长期、深度去做，就能取得“牵一发而动全身”的效果，并且能形成企业核心的竞争壁垒，我们把这样的动作称为“上升到战略高度执行的战术动作”。

在白酒行业，这样的动作有很多。比如办品鉴会就是各大酒企、酒商常用的消费者培育和消费体验动作，有的企业将这个动作放到战略高度来做，而有的企业只是将其视为若干普通动作中的一个。相信去过郎酒庄园参加品鉴会的消费者都会有美好的体验和深刻的印象，因为他们会被品鉴会上精致的物品、周到的服务所感动。很多企业举办品鉴会流于形式，只是为了完成指标而做，效果大打折扣甚至毫无效果。

这种要上升到战略高度执行的战术动作即便很单一，也应该形成标准化操作规范，让团队按照规范不断地重复动作，以构建竞争壁垒。

某公司是牛栏山白酒在广东地区的经销商。从接手牛栏山品牌开始，该公司就持续通过餐饮店的免品活动来推广产品，在消费者中建立口感认知和品牌认知。这一动作持续了5年，它成为该公司重投餐饮的核心动作之一，也成为该公司业绩连续5年取得高速增长的支撑之一，即使2022年上半年整个大环境低迷，该公司的全年利润依然取得了两位数的增速。随着经销范围扩张、团队规模扩大，为确保这一动作得到高水平执行，该公司向我们发出了服务邀约。我们与该公司一起制定了《餐饮店渠道免品有效动作标准化手册》并开展全员培训，取得了非常好的效果。

我们服务的一家酒企，其酒庄坐落在国家级自然保护区内，工厂直接取山泉水酿酒，而且建有全国领先的智能化生产线。如何让合作伙伴、消费者直观体验到这些差异化优势呢？该企业的做法是组织大量的回厂游和参访活动来支撑、扩大酒庄的形象认识和实力认知。我们基于这个动作与该酒企共同制定了《企业接待服务标准化手册》，以支撑批量化、高频次的回厂游和参访活动。

我们可以看到，上面展示的动作都是单一的动作，但对企业的经营都具有明显的支撑作用。对于类似的动作，我们也要将其标准化，以实现高水准执行。

第三类是需要规模化重复执行的动作。

白酒行业中有很多业务动作是需要规模化重复执行的，最为明典型的就是客户拜访，包括招商、终端维护及团购客户的开拓、维护等。这些需要重复执行的动作会占用员工大量的时间和精力，同时高频重复也很容易让员工产生疲惫感。很多业务员从早上起来就惯性般地开始做这些动作，把一天的工作时间消耗完，日复一日，习以为常，他们不会去想这些动作有没有改进的余地，不懂得总结和精进。动作无效或低效，会消耗组织大量的时间和资源。

我们服务客户时也经常需要花费大量时间去拜访客户，因此我们形成了客户拜访的标准化操作规范，以提升拜访效率和目标达成率。标准化操作规范对各层级人员的拜访目标、路线规划、时间使用、沟通要点和话术、需要携带的工具以及拜访结果呈现、拜访后的复盘等都做出了详细描述。这套标准化操作规范对新员工如何开展工作具有很好的指导作用，也能促使那些整日从事低水平重复工作的老员工“升级”。

在“习以为常”的动作上不断精进是提升效率、节省人力资源的重要途径。实施有效动作标准化，更能让员工把时间花在真正能产生业绩的动作和事情上。

三、有效动作的萃取和标准化方法

（一）获得有效动作的三个途径

获得有效动作有提炼团队经验、提炼行业经验、借鉴外行业经验三个途径，如图 2－2 所示。

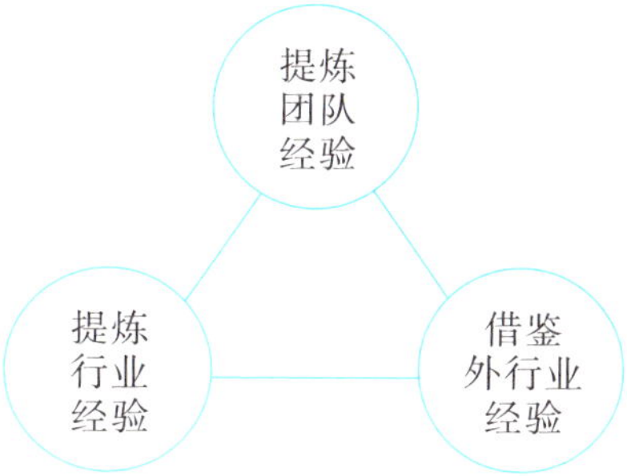

图 2－2　获得有效动作的三个途径

1. 以榜样为蓝本，提炼团队内部的成功经验

这是获得有效动作的一个核心方法，它既能节约成本，又非常实用。无论团队规模是大还是小，每个团队中都会有一些佼佼者，他们业绩突出，不但能将动作执行到位，同时还具有思辨能力，经常在执行动作的过程中有所创新。这些人所拥有的经验就是团队内部的成功经验，也是有效动作的最好来源。

我们曾为一个只有 8 名业务员的酒商团队服务，他们的老板找到我时，看起来内心充满了焦虑。他的公司经销国内某一线白酒品牌多年，业务仍处于不温不火的状态，团队规模一直在10人以内且流动性很大，每年不断招人，又不断有人离开。他的焦虑来自所经销的一线白酒品牌近几年的发展势头迅猛，品牌方对经销商团队的要求不断提高，那些跟不上要求的经销商要么被切走经销范围，要么被切走经营产品，因此他也十分担心他的经销范围和经营产品有朝一日被切掉。

入场调研后，我们发现该团队的运作状况确实有点问题——既没有正规的业务管理体系，也没有规范的业务动作，业务员们早上到公司，做到10点钟左右就四散而去，每个人具体做了什么、做得怎么样，都没有跟踪和反馈，老板对这些一无所知。此时各位心里可能会想："这样的团队，还能从中提炼出成功的经验吗？"

事实上，我们在开展了一番深度访谈后，发现就在这样的由8个人组成的规模小且作风松散的业务团队中，有两名业务员一直保持着不错的业绩和终端信用，于是我们从这两名业务员身上挖掘出了许多有价值的经验，基于这些经验形成业务有效动作标准化规范，再以此来培训团队，提升团队的整体能力。

团队内部的成功经验是在组织目标一致、资源一致、方法一致甚至是管理一致的情况下探索出来的，在匹配度方面不存在问题，所以是最容易被复制的。这也是要把提炼团队内部的成功经验作为找到有效动作的核心方法的原因所在。企业中最大的浪费之一就是对内部成功经验的浪费，可惜很多企业不明白这一点。

大家可能觉得这个方法太简单了，但其实本质的东西都很简单。在我们帮助企业提炼有效动作并将其转化为标准化规范的案例中，有80%使用了这个方法。

2. 找到学习对象，借鉴可行的成功经验

一些企业成立的时间不长，团队还没有足够丰富的实践经历，尚未积累出成功经验，又或者团队的成员能力普遍偏弱，尚不具备核心竞争力。有这两种情况的企业完全可以去找一至两家行业内的标杆企业作为学习对象，对其成功经验进行提炼和复制，既省时又省力。

这种向同行学习的办法在白酒行业是否可行呢？答案是肯定的。因为白酒行业的企业经营时间普遍较长，经营模式多样，众多不同规模的企业都沉淀了很好的行业经验，如果不是想做颠覆性创新，那么很容易找到可学习的对象。

每个行业都有其独有的发展规律，在尊重行业发展规律，考虑企业所处发展阶段、发展模式和资源情况是否与学习对象近似的基础上，借鉴同行的成功经验是一个很不错的获取有效动作的方法。

3. 做“第一个吃螃蟹的人”，借鉴外行业的成功经验

想通过颠覆式创新成为行业引领者的酒企不在少数，但它们很难在行业内找到可复制的成功经验，就需要找外行业的成功企业作为学习对象了。美团前 COO（首席运营官）干嘉伟曾说过：“太阳底下没有新鲜事。今天的任何一门生意，你扒掉它的外壳，都可能有一个并不新鲜的内核。所以，要到商业史中去找这件事谁做得最早、最好，它就是你学习的对象。这比你站在那里拍脑袋的效果要好一万倍。找到对标物，然后我们就坐上‘时光穿梭机’，去向人家学习。人家踩过的坑，总结的经验，都可以为你所用。依葫芦画瓢，这是科学的方法。”

这几年，“新零售”之风催生了酒类连锁零售企业，这些企业在运营上大可借鉴外行业的成功经验——无论是日本的连锁零售企业，还是我国的连锁零售企业，它们在门店运营的标准化、拓店的标准化、会员管理的标准化上都已经做得非常完善，完全可以借鉴学习。

我们曾为一家北京的烟酒连锁企业做门店运营标准化，当时就大量借鉴了孩子王、名创优品和某服装行业连锁品牌的成功经验。2022 年，我们为一家工业涂料企业提供服务。这家企业在产品端的技术创新已领先于行业内的其他企业，但该企业想增强差异化优势，因此想在营销端进行大胆创新，走一条目前行业内还没有人走过的路。我们把该企业的营销模式与外行业一些企业的营销模式进行对比后，决定移植快消品终端精细化操作的经验，对该企业的招商操作和终端操作进行标准化。在此之前，该企业的营销部门一直受困于“招人难”和“留人难”的问题——企业的产品具有较强的专业属性，需要通过一种水平很高的“刷板”动作才能展示出产品性能，因此业务员要先掌握这套“刷板”动作才能上岗，而行业内这种人才不多；外行业的人员进来的话，短时间内又很难对产品有透彻的了解。我们先把营销业务的流程标准化、营销的话术规范化、展示产品的动作标准化，然后再对业务员进行系统训练，使“两难”的问题得到了很好的解决。此后的半年时间里，该企业的营销团队规模迅速壮大，市场拓展速度也大幅提升。

要特别提醒大家的是，在借鉴外行业的成功经验时，不能完全照搬，一定要注意那些经验跟自家企业的匹配度，可将经验合理转化，尽可能使移植过来的东西跟企业的实际情况和实际需求贴合。

（二）实现有效动作标准化的五个步骤

第一步：进行访谈，梳理结果并提炼方法，继而形成理论，如图 2－3 所示。

图 2－3　提炼方法并形成理论的过程

要找到能贡献最优经验的人、团队或区域，对关键人物进行深度访谈，在访谈过程中适时提问，找到关键动作及关键细节。

知名商业顾问刘润先生说：“经历的分享，听着过瘾，但其中的知识含量却是最低的。”也许你听完一个人讲述他的经历后会被“遇到困难不要害怕”“坚持到底就能胜利”之类的话语触动，被他的拼搏精神所感动，但这些并没什么意义，因为真正能够供你拿来就用的东西很少。

每个人的成功都有个性化的因素掺杂在里面，比如长得帅、能歌善舞、资源多甚至酒量特别好等，这些个性化的东西是不能被复制的，所以在访谈过程中要尽可能地保持理性，剔除那些个性化的成分，找到具有共性的东西。要引导被访谈者将他的经历进行提炼，让他总结出获得成功是因为做对了哪几件事，做到这几件事需要的能力和资源是什么，等等。经过这样的提炼后，被访谈者的经历就变成了经验，知识浓度就提高了。

接下来，就要考验访谈者的功力了——访谈者要发挥自己的逻辑分析能力，和被访谈者一起顺着时间轴分解事情能做成功的原因和步骤是什么，形成“能做成的原因是：1. ……，2. ……，3. ……；关键步骤是：1. ……，2. ……，3. ……”这样的内容，然后从中提炼方法。这要求访谈者具备框架性思维，同时对实操又很了解。有了方法后，就可以把方法复制到团队了，团队按着方法来做，基本上会得到同样的结果。

我有一个印象特别深刻的案例：我们曾经访谈过一家调味品企业的大区总监，这位大区总监把样板市场做得特别好，而他也是公司的区域销量冠军，但在访谈中，他经常在说A事时跳到了B事，讲话的逻辑很乱，兴奋时更是大肆渲染自己的实操经历，情绪特别饱满，而且语速快，不好打断。在一上午的访谈过后，我们感觉访谈效率太低了。下午我们改变了访谈方法，预先买了一些白板纸并将纸贴到墙上，要求他把要说的写在白板纸上，我们把他写的东西在脑海里进行二次梳理，然后再提问和要求补充。人在书写时，会很自然地按一定的逻辑来整理思绪，也变得更理性。我们用这种方法，让他和他的团队中的关键人物整整写了一周，最终提炼出了可复制的方法，形成可供其他团队使用的标准化手册。

刘润先生说：“所有的经验、方法论都是有条件和边界的。”取得了方法，就可以往团队复制了，但在复制的过程中，要讲清每个动作的边界和条件。这么做的目的是让团队“知其然”，更“知其所以然”，以后还能在“方法1.0版”的基础上不断深化和创新。

刘润先生还有一番话：“经历就像是啤酒，泡沫很多，度数很低，要发挥它的价值，你需要拥有抽象的能力。经验就像是黄酒，值得坐下来细细品尝，它的度数比啤酒高，我们能够从中真正收获一些知识。方法就像是红酒，度数更高，值得收藏，它包含步骤和工具，可以拿来就用。理论就像是白酒，度数最高，知识含量极高，但是容易一喝就醉，想要用好理论，你需要拥有还原的能力。”我们提炼方法并形成理论的过程，就是一步步给知识“提纯”的过程。

第二步：把方法变为动作。

方法需要动作化才能被应用，动作越简单明了，越容易被执行。

我们服务过一家生产馄饨的快消品企业，帮助该企业从样板市场的成功经验中提炼出开发和维护批发渠道的操作方法后，我们把操作方法转化为 8 个动作——精准调研、快铺市、煮馄饨、帮售卖、促回货、筛核心、给政策和日拜访。

对于快消品企业而言，把新品快速上架，用最短的时间在市场营造热销氛围很关键，所以在铺市的动作上，“快”十分重要。新品上市后，马上要面临的就是动销的问题。这家企业从样板市场的成功经验中获知用煮馄饨来让消费者体验产品口感的做法很有效，推广效果非常好，所以就将这一动作视为核心推广动作并进行复制。产品销售 3 个月后，一些生意好的门店突显出来，就把它们列为核心店，单独给政策。我们就是按这样的业务逻辑把方法转化成直接明了的动作，让该企业的业务员明白在什么阶段该做什么并能够立刻执行。

第三步：把动作分解成步骤。

赵本山和宋丹丹曾经演过一个小品，里面有个桥段——宋丹丹给赵本山讲“把大象装进冰箱分几步”的笑话，她自答道：“总共分三步。第一步把冰箱门打开，第二步把大象放进去，第三步把冰箱门带上。”这就是典型的将动作分解成步骤的过程。

这个过程也是去伪存真的过程。那些与结果无关的步骤要去除，关键步骤不能遗漏。

第四步：把有效动作指标化，让过程可管理。

任何动作都要围绕总目标而定，都是为了完成总目标而采取的行动。衡量总目标是否达成的指标一般分为结果指标和过程指标。把有效动作指标化，才能对动作的落地过程进行跟踪、评估。在把有效动作指标化的过程中要把握四个原则，即明确目标、明确时间、明确地点、明确责任人。

第五步：配以表单、话术等工具，让新手也能变成“老司机”。

把有效动作标准化的过程也是形成业务动作说明书的过程。

业务员无论是售卖产品还是做客户破冰、客情深化，又或是解释政策，都需要有既专业又口语化的话术，所以一个很重要的配套工具就是话术。我们通常会在所有涉及沟通的动作说明中配以话术示范，供业务员参考，业务员即便是新手，也能通过话术练习快速做到讲清产品、讲清政策、讲清促销活动。

业务员在执行动作时还可能需要携带一些物料，制作一些信息表格。

我们尽量把工具的配套也标准化，那样可以使管理变得简单高效。

走过以上五步后，就实现了有效动作的标准化。

四、标准化是一种经营认知方式

有效动作的标准化规范就是操作的SOP。相信很多人对SOP并不陌生，它是“Standard Operation Procedure”的缩写，中文译为“标准作业程序”，意思是将某一事件的标准操作步骤和要求以统一的格式描述出来，用于指导和规范日常的工作。

SOP不是随便写出来的，而是从实践中总结出来的，它能使操作流程在当前条件下实现最优化。在制定SOP的过程中，要尽可能地将操作步骤进行细化、量化，细化、量化的“度”就是在正常条件下大家都能理解而不会产生歧义。

虽然我们可以单独定义每一项操作的SOP，但从企业管理的角度来看，SOP不可能是单个的，而必然是一个体系。余世维先生在讲座中曾提到，一家公司要有两本书：一本书是红皮书，它是公司的策略，即作战纲领；另一本书是蓝皮书，即SOP。

标准化可以说是所有企业由小变大，进行规模化发展和扩张的不二法门。华为由一家普通的民族企业成长为世界级大企业，标准化在其中起到了关键作用。华为最早的标准化是对IPD（Integrated Product Development，集成产品开发）流程进行改造，为此华为向IBM支付了高额咨询费，而华为的管理由此真正实现了与国际接轨，迈出了向跨国公司转变的步伐。我们熟悉的肯德基、麦当劳等能成为全球性快餐品牌，标准化更是功不可没。

同一件事在不同的思维方式和认知的作用下，产生的结果完全不同。对标准化而言，如果真想让其发挥价值，企业应该建立三个认知：一是要将标准化上升到经营策略的高度来看待；二是要全员具备标准化意识；三是要意识到标准化会面临一系列人性的挑战。

（一）站在经营策略的高度看待标准化

标准化在经营中的价值几何？对此的认知直接决定了标准化的落地价值和实施效果。

我们曾同时为一家快消品企业和一家连锁零售企业提供服务，同样是输出了业务端的标准化规范，但两家企业的执行效果却有巨大的差距。造成这种现象的根本原因就是两家企业的核心管理层对标准化的认知不同：

快消品企业的执行效果好，因为该企业早已在生产端实行了标准化管理，而且请了国际知名咨询公司来提供专业的辅导和服务。同时该企业还将标准化写入了企业手册，认为标准化是企业实现规模扩张和走向世界的不二选择。企业的核心管理层更是在各类型的管理会议上言必谈标准化。有一次我们与该企业的总经理一起唱歌时，他竟现场自编了一首《标准化之歌》唱给大家听，可见标准化在高管们心中的重要程度。因此，当我们在这家企业推动业务端标准化规范落地时，得到了高管们的大力支持，有一些业务上的有效动作还是总经理与我们一起加班讨论得出的。

反观那家连锁零售企业，虽然该企业的老板一直有一个扩张的梦想，但他对标准化的概念和价值所知甚少。在我们的说服下，他同意在门店管理端实施标准化，但标准化规范制定出来后，无论是宣导、落实还是管理，核心管理层的人都不参与，最后导致标准化规范的落地效果并不理想。之后，随着该企业负责运营事务的高管离职，门店管理端标准化规范的推动工作也不了了之。

（二）全员具备标准化意识的重要性

追问事物存在的意义和价值是人与生俱来的精神需要，就像人总是追问“为什么活着”一样。人一定愿意去做他认为有意义的事，所以，一定要让全体员工知晓标准化于企业、于组织、于个人的意义是什么。企业要面向全体员工做好标准化概念和标准化方法的普及，当标准化意识深入人心时，他们就会自动在工作中运用标准化工具来提升工作效能。

我们曾服务过一家企业，该企业在全国十几个销区同时推行营销业务的标准化规范，但其中两个销区的总监并不认同标准化的理念，他们认为业务是灵活变动的，具体采取什么动作应该随时根据市场情况做调整。迫于管理压力，他们也组织团队参加了标准化规范培训，可是前脚培训完，后脚他们就对团队说没有必要完全按标准化规范的动作要求来执行，执行销区自己要求的动作即可。我们对所有销区的指标进行了跟踪和对比，结果显示，凡是标准化规范落实到位的销区，半年之内销量都是逐月递增的，都完成了预设的销售目标；而没有落实标准化规范的那两个销区，他们的销售额就像坐过山车，在能压货的月份数据就很好，在压不了货的月份数据就很差，极不稳定。即使有数据为证，那两个销区的总监仍然对落实标准化规范采取“软抵抗”的姿态，不肯改变旧有的压货模式，公司最后无奈将他们解雇。

先有认知才有认可，因此统一全体员工的思想，使全体员工具备标准化意识，是把标准化规范落实到位的前提。

（三）标准化与人性挑战

组织松散、员工自由散漫、“差不多”思想流行，这三样是我国职场中常见的毛病，也是标准化的大敌。德国制造一直备受推崇，其中一个原因就是德国制造业要求相当严谨，而工人们也会严格执行——如果工艺要求是将螺丝拧三圈半，那么员工绝不会在拧到第三圈时就停手。换成那些有“差不多”思想的员工就会认为这过于较真，心想：“三圈也差不多嘛！”但“精益制造”和“粗制滥造”的区别可能就在这半圈之差。

很多组织都认同标准化的价值，但在推行过程中遇到了极大的阻碍，而阻碍最主要源于人性中的负面因素。标准化对组织中的所有人提出了极大的挑战，所有人都必须战胜人性的弱点，否则即便都认同标准化的价值，也很难让标准化真正落地。

从建立认知到强化能力再到战胜挑战，走完这个过程需要时间，而缩短时间的最好方法就是先在某一领域实施标准化，让大家看到实实在在的好处，正所谓“先见利再见义”。由点及面，长时间坚持下去，就能用标准化提升经营水平，使企业持续成长。

划重点： 本章中我们主要讲了标准化的价值、有效动作标准化的适用范畴和有效动作的萃取方法，指出萃取有效动作的关键是找到关键人、问对问题、用对方法，实现有效动作标准化是一个“经历—经验—方法—理论”的转化过程，在重视标准化的同时也不能忽略其向组织提出的要求。

第3章
有效动作标准化在酒业的实践

边读边想：

（1）本章案例中的哪家企业与您的企业类似？哪些动作可直接借鉴使用？

（2）本章案例中的哪些动作您的企业不能直接使用，需要借假修真？

一、核心业务线有效动作标准化的实践

（一）烟酒店、餐饮店渠道有效动作标准化，开启业务新布局

（二）团购业务有效动作标准化，支撑次高端产品运营

（三）招商标准化，支撑全国化布局

（四）战术动作当战略动作做，深化打造核心店，丰富品鉴推广活动

（五）接待服务标准化，支撑高频次、规模化回厂游

二、餐饮店渠道免品活动有效动作标准化的实践

（一）确定免品活动的价值及使命，统一认知

（二）七个有效动作支撑免品活动高效执行

（三）设立综合指标检验动作执行效果

（四）给员工一个拿来就能用的工具

有效动作标准化的基础理论我们在前面两个章节基本讲解完毕，为了让大家更清晰地了解有效动作标准化在酒业中的应用，掌握批量培育、复制业务能手的细节，本章我们将站在实操层面对两个典型案例进行深入具体的剖析，供大家揣摩、理解。

一、核心业务线有效动作标准化的实践

A 企业基于对行业的预判和对产区发展状态的了解，确定了“打造清香型白酒酒庄第一品牌，用 10 年时间，在规模和影响力上成为名副其实的清香型白酒龙头企业”的战略目标。在此背景下，我们于 2021 年 6 月进驻 A 企业，为该企业提供团队能力建设咨询服务。

A 企业面临的最急需解决的问题就是如何让那些核心业务线上的员工快速掌握应具备的业务技能，能在第一时间开展业务，同时还能保持业务动作统一。针对此，我们提出了把烟酒店、餐饮店渠道有效动作标准化，把团购业务有效动作标准化，把招商标准化，把战术动作当战略做，把接待服务标准化的解决方案。

（一）烟酒店、餐饮店渠道有效动作标准化，开启业务新布局

基于 A 企业对终端运营强赋能的情况，我们决定先从烟酒店、餐饮店两条线下主渠道入手，针对烟酒店、餐饮店渠道形成有效动作标准化手册，用标准化操作手册对企业的线下渠道运营团队进行系统训练，提升团队成员的业务技能，确保团队作战具有高

水准且动作统一。

1. 萃取有效动作

我们遇到了一个问题：团队中70%的人是外行，有效动作该从何处萃取呢？

虽然团队是新组建的，但负责团队的高管和几名经理均在白酒行业有多年从业经历，他们很清楚白酒行业各渠道和各类型业务中的有效动作。因此，我们按形成标准化规范的步骤，先对高管和经理进行一轮深度访谈，和他们展开讨论，然后在访谈和讨论结果的基础上梳理出烟酒店、餐饮店渠道业务中的七个有效动作——"准调研""精铺市""送惊喜""搞品鉴""助动销""筛核心店""日拜访"。

每个有效动作我们都给出了清晰的定义。比如"送惊喜"的动作，我们定义为"通过惊喜服务的方式做透客情"，至于可提供什么样的惊喜服务，我们从不同维度列出了几十种，供业务员选择。

2. 把有效动作分解，让"小白"也能迅速抓住重点

在分解动作之前，我们首先要明确目的。我们要让员工带着目的去做动作，做到"知其然且知其所以然"。很多时候，员工动作做得不到位就是不清楚动作的目的。

以"准调研"这个动作为例，我们先确定动作的目的是"精准定位所辖区域范围，了解竞品状态和终端分布，确定铺市方案"，并对调研对象和调研方法做出明确说明，然后把动作分解为五个步骤并给出配套工具，如图3-1所示。

- 调研目的：精准定位所辖区域范围，了解竞品状态和终端分布，确定铺市方案
- 调研对象：所辖区域内的烟酒店和餐饮店
- 调研方法："扫街式"拜访
- 调研周期：3～5天
- 调研流程：调研五步骤
- 配套工具：外勤365系统、调研信息统计表、调研话术表

图3－1"准调研"动作执行标准

"准调研"的动作流程被分解成"调研准备""调研实施""信息上传""核心客户梳理""提交调研方案"五个步骤。这五个步骤明确了动作的起点和终点，每个步骤都有目标、时间、地点和责任人。

为了帮助业务员把动作执行到位，我们还给出了一些配套工具，如外勤365系统、调研信息统计表、调研话术表等，有了这些工具，业务员就知道调研该干什么、该怎么说、该怎么呈现调研结果了。

每个工具我们都给出了使用说明。以调研话术表为例，我们将话术的使用分解成"打招呼""明身份""问竞品""述本品""引合作""送道别"六个步骤，并指出了话术要点，如图3－2所示。有了这些工具作辅助，即便是没有调研经验的新手，在训练过后，也可以将"准调研"这个动作做到60分以上。

针对烟酒店和餐饮店渠道的每一个动作，我们都按以上逻辑进行了细化，最后形成了《烟酒店、餐饮店渠道有效动作标准化手册》和《烟酒店、餐饮店渠道有效动作话术手册》。在团队组建初期，A企业以这两本手册为基础教材，对团队成员进行了系统、深度的训练，实现了团队成员业务能力的补齐和升级，最终取得

了新品上市后一个月内按标准陈列铺市 1 万家终端的成果。

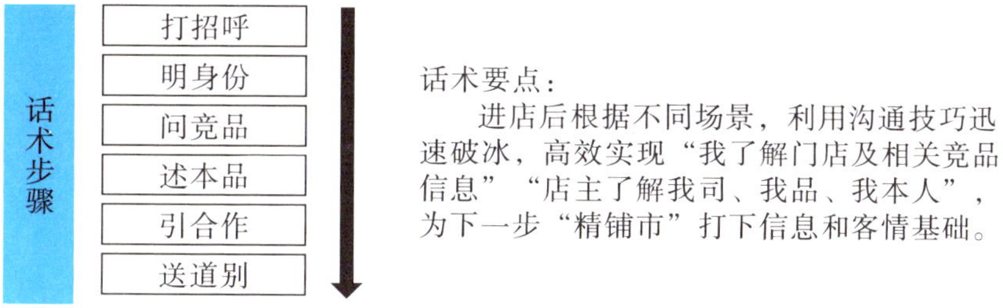

图 3-2　调研话术表使用说明

（二）团购业务有效动作标准化，支撑次高端产品运营

随着白酒次高端产品消费市场扩容式增长，团购业务在酒水行业再次大放异彩，无论是酒企还是酒商，都希望组建起强大的团购团队，以做好次高端产品线。A 企业以 200 ~ 700 元价位布局了几款次高端产品，并为此组建了团购业务团队，希望团队能在完成推广次高端产品的同时，也能为经销次高端产品的合作伙伴进行业务指导。

与线下渠道运营团队一样，A 企业的团购业务团队也主要是由新人构成的，90% 的团队成员不曾从事过酒水团购业务。相对于线下渠道运营团队而言，组建团购业务团队的难度更大，团队成员的能力要求也更高，这从团购人员的胜任力模型（如图 3-3 所示）上可见一斑。

1. 借鉴行业成熟团购经验，形成《团购业务有效动作标准化手册》

我们在做《团购业务有效动作标准化手册》时，不仅访谈了企业高管，还对白酒行业的一些团购业务“大牛”进行了深度访谈。

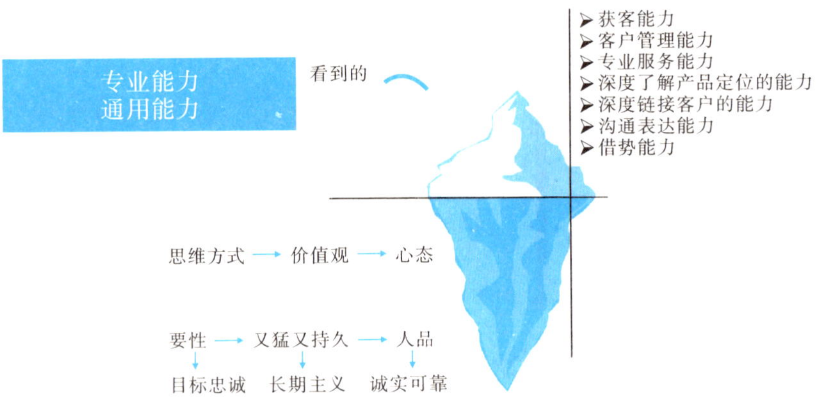

图 3－3　团购人员胜任力模型

通过访谈，我们总结出团购业务的六个有效动作——“建人设”“获客户”“快破冰”“促成交”“分类管”“常维护”，如图 3－4所示。这六个有效动作能够将整个团购业务流程串联起来，让团购业务员知道在哪个环节应该落实哪个动作。

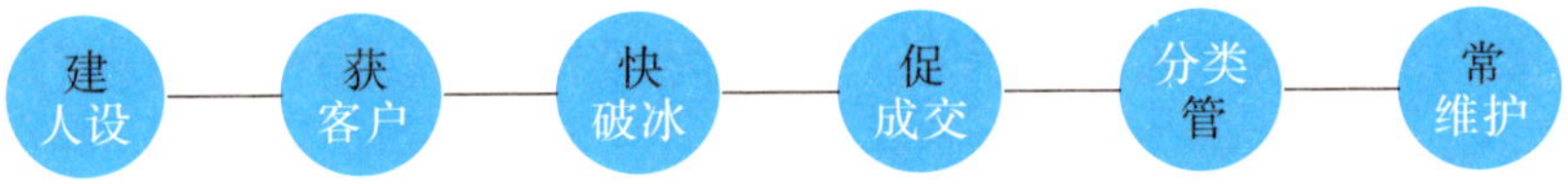

图 3－4　团购业务有效动作标准化

2. 不遗漏所有核心环节是分解动作的关键

我们以“建人设”为例来说明如何把握业务有效动作的要点，并将其分解成具体的步骤，如图 3－5 所示。

- 目的：建立专业形象，形成良好口碑，为后期成交打下信任基础
- 方法：外在形象打造、内在专业知识学习、社交平台专业形象展示及持续维护
- 步骤：人设定位、形象打造、人设经营
- 配套资源：系列专业知识培训

图 3－5　“建人设”动作执行标准

“建人设”的目的是通过建立良好的人设，使团购业务员能够在与客户的沟通交往中快速建立起专业形象，取得正面评价，给客户留下良好印象，为成交打下信任基础。有一本书叫《西贝的服务员为什么总爱笑》，书名中的“总爱笑”就是西贝服务员给人的印象。迪士尼乐园要求服务人员展现出“开心、快乐、活泼”的形象，以与企业所倡导的价值观相匹配。

团购业务员主要服务次高端产品消费客户，而次高端产品的消费场景主要是商务消费，因此，团购业务员的形象要为适配这个消费场景而打造。对于团购业务员，专业上的要求是成为客户专业用酒顾问，商务上的要求是成为合格的 VIP 客户经理，性格上的要求是热情、细心、阳光、具有正能量。明确要求，有了方向之后，打造人设的方法也就浮出水面了——打造外在气质和内在专业素养，持续维护自己在社交平台展现的专业形象。

外在气质包括穿着打扮、言谈举止；内在专业素养包括熟知酒桌文化，商务礼仪，白酒行业知识，公司产品的历史、酿造工艺、口感特征等。这些在《团购业务有效动作标准化手册》中都有详细介绍，我们要求团购业务员进行深度学习，内化成自己的知识体系。在当前这个自媒体时代，团购业务员通过社交媒体来传播自己的形象是非常必要的，所以我们要求团购业务员维护好自己的微信号等，从头像、沟通话术到发布的内容，都要体现出专业形象。

有了方法后，团购业务员具体该如何做呢？我们把“建人设”的动作分解成“人设定位”“形象管理”和“人设经营”三个步骤，如图 3 - 6 所示。

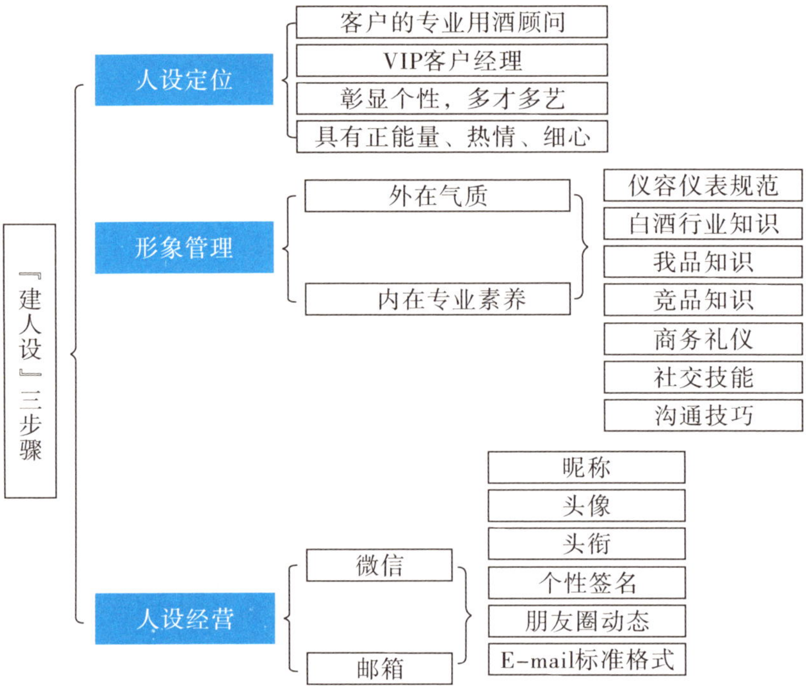

图3-6　“建人设”动作执行步骤

“人设定位”就是在总定位方向的基础上打造个性化的形象。比如有爱旅游、爱运动、爱吃美食、爱品酒等不同爱好的团购业务员在打造个人形象时可以彰显自己的爱好，以强化个性，给人以温度感，但同时也有一个核心要求——表现出的形象一定要是积极的、阳光的、热爱生活的、具有正能量的。

“形象管理”需要管理外在气质和内在专业素养两个方面，这两个方面也是团购业务员要不断精进并持之以恒的，即要通过不断的学习来丰富自身，为长期的、一贯的形象输出提供支撑。

“人设经营”的重点在微信和邮箱的管理，如微信头像怎么设计、个性签名怎么设计、头衔如何设定等都要讲究。

3. 基于业务逻辑形成标准化规范

通过对“建人设”的动作进行拆解，相信大家对如何基于业务逻辑形成标准化规范已经有了一些了解，下面我们再通过“分类管”这个动作来看一下是通过怎样的业务逻辑来梳理有效动作并形成标准化规范的。“分类管”的动作执行标准如图 3－7 所示。

- 目的：聚焦资源促大单，让 20% 的大客户产生 80% 的业绩；让有潜力、有资源的中型客户有机会升级为大客户；筛掉价值较低的客户
- 方法：根据客户价值及贡献度梳理出客户类型，为不同类型的客户匹配不同的服务资源
- 步骤：客户筛选、客户分类、客户管理
- 周期：客户达到一定数量且大部分客户至少已完成 2 轮成交
- 配套工具：客户分类标准、客户追踪记录表

图 3－7 “分类管”动作执行标准

我们都知道，销售中也有“二八法则”，即 20% 的客户带来 80% 的销量。“分类管”动作的标准化就是基于“二八法则”。

团购业务员在拥有一定的客户积累后，必须清楚地知道谁是大客户，谁身上具有巨大的潜力和价值，把时间、精力和资源花在哪些客户身上才能获得最大的效益。为此，团购业务员需要花时间梳理客户。梳理客户时，应该从不同维度对客户进行分类，目的是针对不同类型的客户分配不同的时间和精力，匹配不同的服务：聚焦资源，维护好大客户；通过政策激励、深度服务等方式帮助有潜力、有资源的中型客户成长为大客户；筛选掉价值较低的小客户。

具体如何做？我们把“分类管”这一动作分解为“客户筛选”“客户分类”和“分类管理”三个步骤，如图 3－8 所示。

“分类管”这个动作，分类在前面，但管理才是核心，重要的

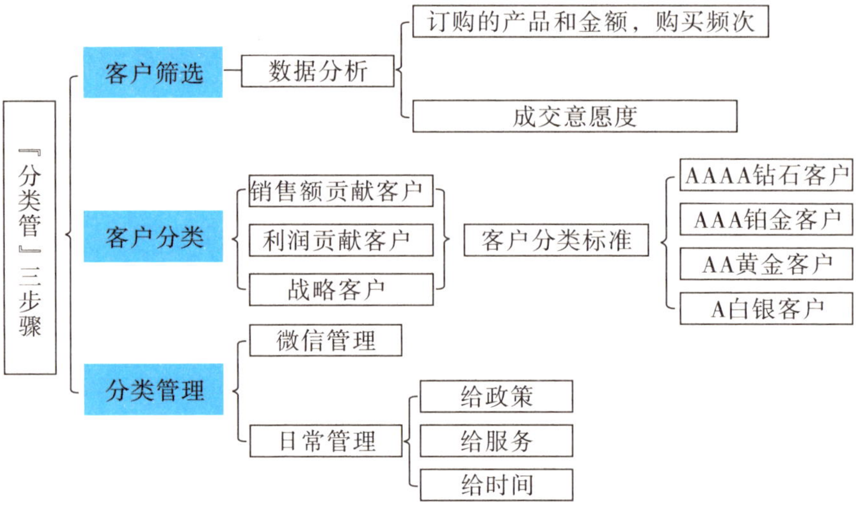

图 3－8 “分类管”动作执行步骤

是让团购业务员知道在把客户分类后，如何使资源向那些能够带来更多销量及产生更大影响力的核心客户倾斜，实现人效的提升。

4. **用零售公式拆解团购业务有效动作**

我们比照零售公式来看一下团购业务有效动作标准化的逻辑。

零售公式：

销量＝流量×转化率×客单值×复购率

团购业务开展之初如何获取流量以及流量池是大还是小，直接决定了在后续业务动作中能取得的成交量，所以我们用“获客户”这个动作来确定获取流量的途径和方法，以及如何经营自己的流量池。

我们在“获客户”的动作执行标准中给出了团购业务的类型及对应的人群画像，提供了包括“圈层活动赞助”“名酒进名企”

“陌拜品鉴”等在内的具体获客方法。

通过以上方法获取客户（流量）后，我们就要通过寻找机会给予“惊喜服务”的方式与客户建立关系，实现客情关系的首次突破，同时让客户对我们的产品和公司的实力有深度了解，然后再通过持续加深客情关系来提升新客转化率。这一动作就叫作“快破冰”。

客单值在“促成交”“分类管”“常维护”三个动作中都有涉及：在“促成交”动作中，团购业务员根据对客户需求的了解，提供专业的用酒服务，为不同的场景搭配不同的产品，实现关联销售，提升客单值；在“分类管”动作中，团购业务员针对大中型客户给政策、给服务、给时间，通过这些方式来不断提升客单值；在“常维护”动作中，团购业务员对客户进行精细化管理，不断加深信任和客情，让客户一需要用酒就想到自己，使客单值得以提升。

复购率可通过给予会员权益和长期的客情维护，与客户建立深度关系来实现。

持续经营客户，提升客户的转介绍率，又可以进一步增加流量，扩大流量池。

综上所述，零售公式实际上代表了一个业务闭环，所以，当我们的团购业务员真正理解了《团购业务有效动作标准化手册》中的有效动作，并且在工作实践中落实，就是在践行零售公式中的业务逻辑。持续用《团购业务有效动作标准化手册》来训练团购业务员，他们的业务量就会不断提升，对业务的理解也会更深刻，长此以往，就能建立起一支有专业能力、专业认知、专业逻辑的团购业务团队，让业务量越滚越大，实现团购业务的持续经营。

动作是否执行到位可以通过数据化指标来衡量。团购业务的每一个有效动作都要匹配相应的数据化指标，例如每人每天要拜访多少个客户、每个月需要赞助多少场活动、在什么样的时间节点组织“名酒进名企”活动，甚至是每天要发几条朋友圈、在什么时间节点发、每条分别发什么内容等，都要有明确的规定和要求。这些数据化指标可以帮助我们对团购业务员的作业过程进行跟踪和辅导，使其能力迅速提升，在短时间之内能够胜任团购业务工作。

A 企业在成立还不到一年的时候就组建了团购业务团队并基于以上逻辑来进行训练，该团队支撑起了 A 企业的次高端产品在太原、交城两个直营市场的销售。目前，A 企业计划在全国范围内进行模式输出，为合作伙伴开展团购业务提供指导。

（三）招商标准化，支撑全国化布局

近年来“清香热”持续升温，能否在全国市场上分得一杯羹的问题摆在了 A 企业的面前。

在前些年的“酱香热”中，很多企业靠快速全国化获得了业绩的快速增长，但“酱香热”降温后，许多组织能力不强的企业成为“裸游者”，可谓用多快的速度发展，就用多快的速度坠落。所以，盲目地跟随趋势没有意义，只有具备长远眼光和强大组织能力的企业才能实现长期发展。正是基于这样的发展理念，A 企业在开展全国化布局的同时，没有采用冒进的单纯招商模式，而是注重培养招商人员的多项能力，即在具备招商能力的同时也具备扶商能力和终端、用户运营能力。招商人员需要具备的多项能力参见招商人员胜任力模型，如图 3－9 所示。

招商的过程既是开疆拓土的过程，也是克制欲望的过程。选

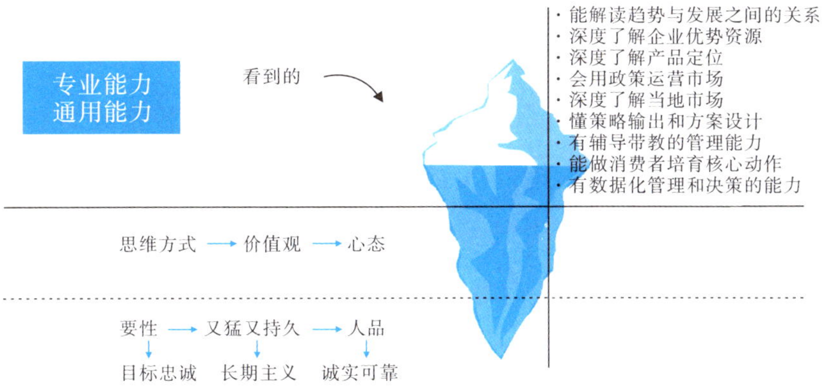

图 3－9　招商人员胜任力模型

商对了，事半功倍；选商错了，后患无穷。因此，为招商人员给出清晰的经销商画像（选商标准）是企业首先要做的事。有了画像，就可以最大限度地避免出现招商人员为了短期业绩而乱选商的情形，为企业和经销商双方长期合作共赢打下基础。

对于经销商画像，我们从意愿度、公司硬实力和网络资源等层面细分出 20 个小项，招商人员可比照着每个小项对经销商进行打分。同时，对于如何了解到这些小项对应的细节，我们也给出了具体的办法。

可能很多人会认为新品牌设定如此高的要求会加大招商难度，但我们的思考逻辑是新品牌即使没有要求，招商也不容易，因为新品牌的推广模式新、难度大，如果经销商不合适，模式落不了地，取得成功的概率就会大大降低。

有了经销商画像，接下来要做的就是确定用什么方式招商。

A 企业的招商方式有三种，分别是陌拜、自组织招商会和行业展会。对每一种招商方式的目的、流程以及如何将三种方式融合，我们都在标准化手册中做了详细阐述。招商人员在经过系统培训后，即使到了一个全新的市场，他们也知道该如何入手、如何推动、如何出结果。

A企业的招商模式同时也是扶商模式。扶商不能成为挂在嘴边、写在墙上的口号，招商人员要具备真本事才行。标准化手册针对招商人员的三项能力（终端精耕运营的能力、协助经销商提升管理水平的能力、消费者培育的能力）给出了标准和实现途径，当招商人员具备了这三项能力后，就由传统的业务员转变成了具备赋能价值的业务员。

把招商标准化后，A企业在2022年下半年以河南为第一站，正式开启全国化布局。第一批招商人员中，既有当年刚走出校门的应届毕业生，也有从外行业转进来的新人，但接受了标准化训练的他们都可以奔赴战场了。

（四）战术动作当战略动作做，深化打造核心店，丰富品鉴推广活动

有效动作坚持做、深入做，就会带来创新。一年来，A企业通过打造核心店和开展品鉴推广活动，取得了不俗的业绩。为了推广和复制这两个动作，我们把它们单独拿出来，与A企业的销区总监一起进行了专项优化和升级。

在新标准中，我们从店主和店面两个维度对烟酒店渠道核心店进行重新定义。新标准要考量店主的“五度”，店面要具备“三好”。

店主“五度”指店主的意愿度、配合度、支持度、付出度和积极度。对每一个“度”，我们都给出了具体的标准，比如付出度是指店主积极动脑筋想办法推荐、销售产品，积极度是指店主愿

意主动补货和结款，具体如图 3－10 所示。

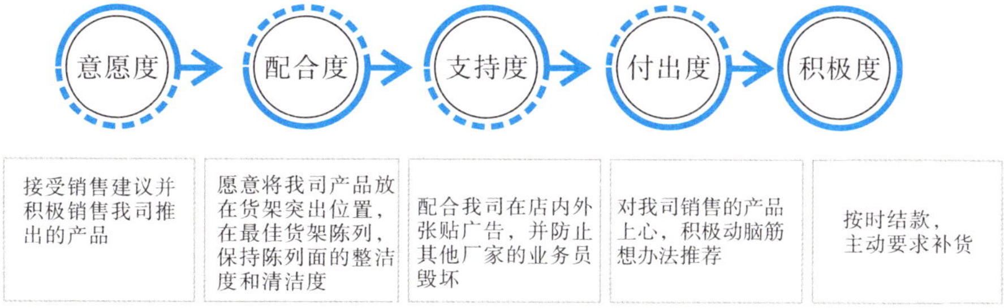

图 3－10　店主的“五度”

店面的“三好”指门面好、竞品销量好、资源好。“门面好”有位置、生意、客流三个维度的考量。为什么将“竞品销量好”列入衡量标准呢？因为竞品销量好说明该门店也适合销售同价位的我司产品。“资源好”指门店有团购资源。我们都知道，只有零售客流的烟酒店很难维持好的利润水平，因为团购客户才是烟酒店盈利的重要支撑。

我们把打造核心店的目的清晰地定义为“实现市场单点突破，带动氛围树信心，支撑基础销量实现”，并给出了月动销码数、年销售量和年进货量三个指标。目的和指标可以衡量动作是否做到位，是否取得了预期效果。

核心店的产生有两个主要途径：一个是铺市一段时间后自然出现。自然出现的核心店会有，但数量不会多。另一个途径更为重要，那就是企业用具体的方法来打造门店，主观催生核心店，具体方法如图 3－11 所示。

做客情	给支持	帮助卖	造氛围	享服务
通过“惊喜服务”快速建立客情关系	政策支持、人员支持、费用支持、广宣支持	“搞品鉴”助动销，买赠“砸金蛋”	氛围营造广宣支持	组织回厂游，提供VIP接待服务

图 3－11　打造核心店“五法”

在实际业务操作中，能否把方法中的动作做好，关系到最终业绩的好坏。

例如，举办品鉴活动是白酒行业一个重要的推广手段，向来受到各大酒厂的青睐。品鉴活动通常与新品发布会、文化推广会、订货会等活动同时举行，具体的形式有许多种，大致可分为 1 桌品鉴会、5 桌左右的小品会、15 桌左右的中品会及 15 桌以上的大品会。A 企业最早上市的是一款 58 元的光瓶酒，这个价位的光瓶酒的主要消费和推广渠道是一些中型餐饮店。那如何才能既实现规模化品鉴，又节约人力成本呢？这是执行“搞品鉴”这一动作时面临的现实问题。如果参与品鉴活动的店数不够或者举办品鉴活动的频次不够，那么品鉴活动的推广效果出不来；如果把参与品鉴活动的店数和举办品鉴活动的频次提上来，那么企业的人力资源难以支撑。为了破解这一难题，我们与企业高管达成了一个共识：培养业务员，让每一名业务员都可以单独做一人转桌式品鉴活动，并将“搞品鉴”纳入常规的业务动作。

经过一年的实践，“搞品鉴”这一动作的丰富性和创新性都得到了提升，发展出了影响范围更广的“气模人户外品鉴＋‘砸金蛋’互动促销”活动模式，这个活动模式更能聚集人气，提高参与度和购买品尝率。

新的“搞品鉴”动作标准对一人转桌式品鉴活动的地点选择、话术进行了优化和丰富，对气模人户外品鉴活动的目的、指标、地点选择、人员分工、品鉴时长、品鉴流、话术等进行了明确，对“砸金蛋”这一配合性活动在户外如何执行、在餐饮店如何执行、在烟酒店如何执行进行了说明。A 企业将新的“搞品鉴”动作标准在全部销区推广，并用之对业务员进行培训，该动作也成为支撑 A 企业月动销码数目标达成的核心动作之一。

（五）接待服务标准化，支撑高频次、规模化回厂游

A 企业坐落在国家级自然保护区内，拥有得天独厚的生态资源，同时还建有水平一流的智能化生产线，是山西省内为数不多的能支撑品牌定位的酒企之一。

开展回厂游活动是 A 企业建立形象和彰显实力非常重要的途径之一，大规模、高频次开展回厂游活动成为 A 企业业务拓展的核心动作之一。在人力资源有限的情况下，如何将回厂游的服务工作做得既有品质又高效快捷呢？我们的做法是制定《企业接待服务标准化手册》，用以支撑回厂游的服务工作落地。

回厂游的服务工作通常需要多部门协同配合，单凭某一个部门很难完成。只有明确各个部门的职责，把对接的环节和流程打通，才能让回厂游的各项服务工作无缝对接，让客户享受到高品质的体验之旅。

我们把回厂游的服务流程按时间节点划分为参访前服务、参访中服务、参访后服务。

参访前服务包括“线下先报备”“线上走流程”“酒庄各部门同步行”三项内容，作用是实现信息共享、同步准备，保证酒庄

能够根据整体参访情况提前安排参访者的吃、住、行。参访中服务包括“食宿安排”“参访行程安排”“行为规范”等内容。参访后服务包括“回程安排”“伴手礼发放”“核销流程”等内容。配合使用的工具有参访行程表、客户信息表、参访讲解话术、参访人员行为规范、接待人员职责要求、市场人员领队职责、食宿招待标准等。

A 企业是处于成长期的企业，要通过招商会、品牌发布会、展会等来提升品牌知名度及拓展业务，这些会议活动常常与回厂游活动同时举办，因此我们将会务接待的动作标准也纳入了《企业接待服务标准化手册》中，以此来保障会议活动的服务品质。《企业接待服务标准化手册》对服务类型及接待人群做出了界定，如图 3－12 所示。

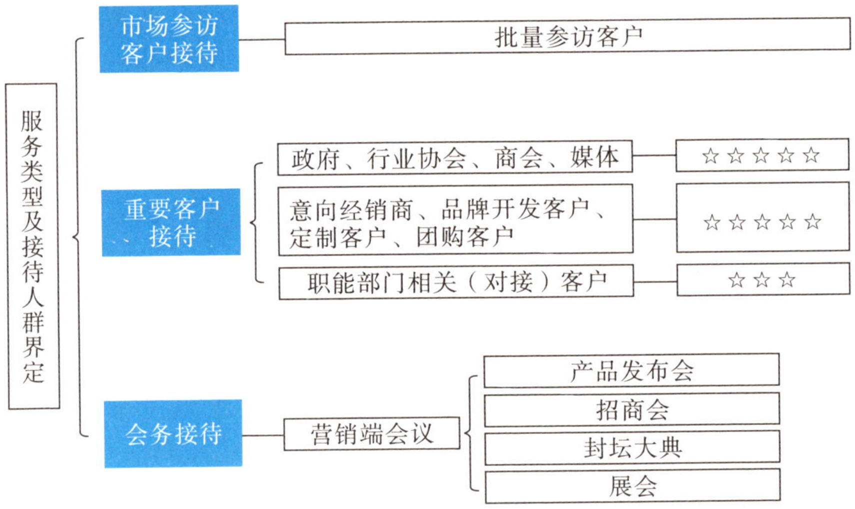

图 3－12 服务类型及接待人群界定

《企业接待服务标准化手册》是回厂游接待工作的“机械式”操作手册，各部门人员照着手册规定的流程走，按手册的动作要求去做即可，哪怕是刚入职的新人，在用手册进行培训后也能做到高水准接待。

二、餐饮店渠道免品活动有效动作标准化的实践

成立于 2015 年的鸿竹公司是“牛栏山”白酒在广东的经销商，也是该白酒品牌众多经销商中发展速度较快的一家。从 2015 年到 2022 年，短短几年时间内，该公司就将年销售额做到了几亿元。

鸿竹公司在产品推广上持续做的一件事是在餐饮店渠道搞免品活动，有的销区已经持续做了 5 年以上。正是因为鸿竹公司坚持做这件事，“牛栏山陈酿”的销售得以在广东市场实现爆发式增长，其也成为超级单品。

基于对免品活动的重视，鸿竹公司的高管团队特别邀请我们做餐饮店渠道免品活动有效动作的标准化及开展培训，希望能将有效动作在现有团队中复制，将来还要复制到新销区中。

（一）确定免品活动的价值及使命，统一认知

在餐饮店渠道搞免品活动是鸿竹公司的战略动作，所有销区都要执行，但各销区执行的时间不同，执行的深度也不同，执行效果不一，因此，将优秀销区的执行经验往其他销区复制是本次做餐饮店渠道免品活动有效动作标准化的核心目的。

我们入场后做的第一件事就是通过访谈梳理出最优经验。我们的访谈覆盖了全部销区，访谈的人员有销区总监、经理、主管和一线业务员。访谈结束之后，我们用一周的时间制定出了《餐饮店渠道免品活动有效动作标准化手册》和配套的话术手册。

考虑到鸿竹公司当时的员工人数已近千人，而且这一数字还在不断增长，员工入职的时间不一，销区开发的时间也不一，我们把手册第一部分的内容定为对免品活动进行统一的价值认知。

我们都知道，建立制胜团队需要做到“四个一致”——说和说一致（共识）、说和做一致（执行）、做和做一致（协同）、人和人一致（同心）。在认知上取得共识是首先要做到的，否则执行就无从谈起，因此，我们首先明确了餐饮店渠道免品活动在公司、员工和团队两个层面的价值及使命，如图 3－13、图 3－14 所示。

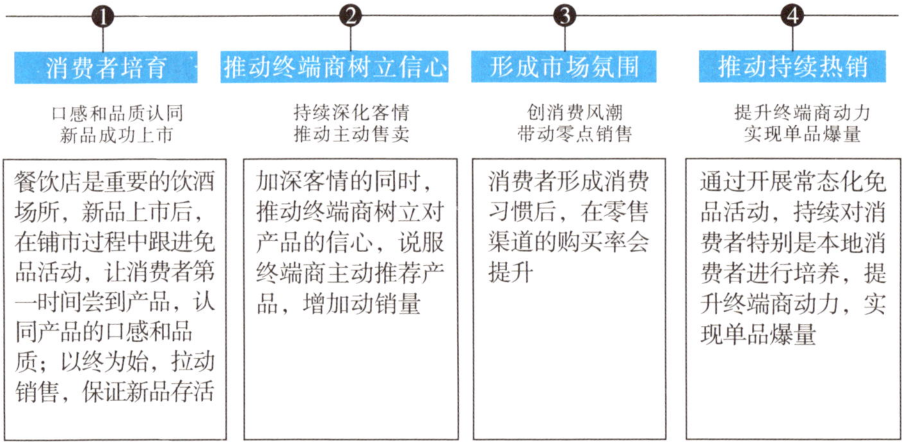

图 3－13　餐饮店渠道免品活动在公司层面的价值及使命

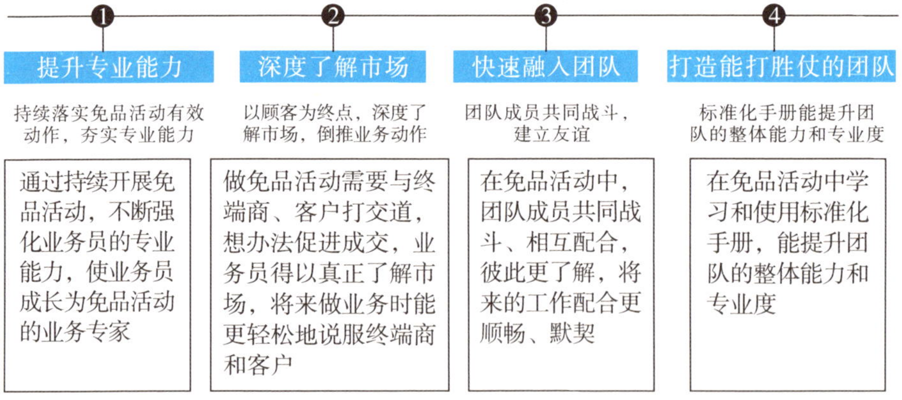

图 3－14　餐饮店渠道免品活动在员工和团队层面的价值及使命

（二）七个有效动作支撑免品活动高效执行

我们归纳出免品活动的七个有效动作——“准备”“沟通”“入场”“品鉴”“教卖”“补（铺）货”“收尾”，动作流程如图3-15所示。具体来说，七个有效动作分别指前期的准备、与终端商的沟通、品鉴前的入场准备、入场品鉴、品鉴完后教终端商卖产品、与终端商谈补货或铺货、收尾核销。这七个动作涵盖了品鉴前的准备工作、品鉴中的落地执行工作和品鉴后的收尾复盘工作。

图3-15　免品活动的七个有效动作（动作流程）

接下来，我们给出每一个有效动作的执行步骤和执行要点。例如，“品鉴”被分解成“找时机”“选顾客”“打招呼”“邀品尝”“做介绍”“促购买”“示产品”“送道别”八个步骤，每一个步骤都有具体的执行要点：“找时机”时，应该首选什么时间点，什么类型的顾客品尝后购买的机率更高；“做介绍”时，如何先用三句话吸引顾客的注意；“促购买”时，补充什么样的信息可以促成顾客购买；“示产品”时，可以通过哪些动作让顾客记住品牌和产品；等等。

（三）设立综合指标检验动作执行效果

在把餐饮店渠道免品活动有效动作标准化的同时，我们还设置了检验动作执行效果的指标，包括“免品家数”“免品人数”

“免品售卖数”“免品用酒量”和“免品执行时间”，其中，“免品售卖数”是一个最有价值的指标。

设立“免品售卖数”这一指标是经过综合考量的。从公司角度来看，业务员通过免品活动售卖产品对完成目标销量的帮助有限，但是，如果业务员能在免品活动中售卖出一定数量的产品，那么可以证明两件事情：一是顾客经历了由尝到喝的过程，深度体验了产品；二是业务员对产品知识掌握得扎实，能够说服顾客。业务员通过免品活动把产品售卖出去，这毫无疑问给终端商做出了示范，给终端商以信心，而业务员也可以从成交中获得成就感。

（四）给员工一个拿来就能用的工具

各种工具中，最重要的一个就是话术。

在话术手册中，有终端沟通话术、顾客沟通话术、常见问题解答等内容，每一项内容我们都讲得非常详细。以终端沟通话术为例，我们指出了沟通的目的和话术要点，把沟通场景分为“提前沟通”和“当天沟通”，展现两个场景下沟通内容的异同，如图3－16所示。

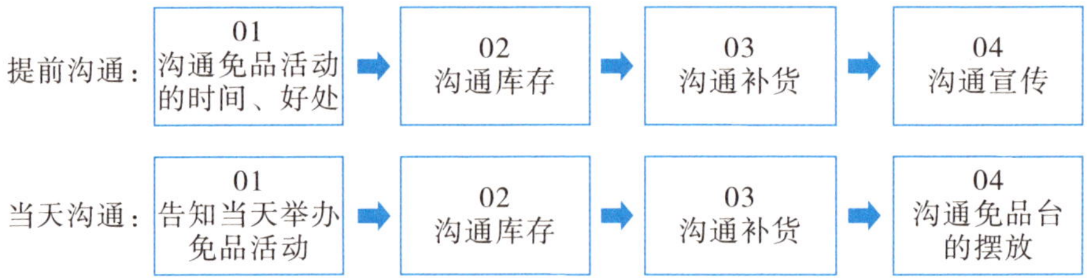

图3－16　免品活动终端沟通话术

在话术培训的过程中，我们高度还原了实际场景，向业务员传授既能体现专业水平，又通俗易懂、口语化的话术，让业务员使用话术如聊天般轻松随意。

鸿竹公司在《餐饮店渠道免品活动有效动作标准化手册》及配套话术手册制定出来后，对业务团队进行了集中训练，业务员们把动作按要求落地执行后，普遍反映免品活动的效果得到了提升。

划重点：本章中，我们通过一家酒企、一家酒商两个案例来展示标准化在白酒行业的实践应用，梳理出将有效动作标准化的三个要点：一是找到关键的人，萃取核心动作。所谓“关键的人”，可以是企业内部的优秀榜样，也可以是行业内的“大牛”。二是分解核心动作时不仅要明确目的、方法、步骤，还要设定衡量指标。三是步骤要尽可能体现执行的关键细节，例如需要用到的表格、话术等工具。

第4章

业务管理标准化：干部的批量培养和复制

边读边想：

（1）为什么标准化能让管理动作变简单？

（2）您的组织中有哪些好的工作习惯？

一、业务管理标准化的益处

（一）管理过程更简单

（二）管理决策更理性

（三）重要管理动作变成“肌肉记忆”

二、从业务管理的全生命周期看标准化的落地

（一）从目标管理视角看业务管理的全生命周期

（二）科学设定阶段目标是标准化能够落地的前提

三、用初始计划表制定和分解月度目标

四、建立标准化的业务管理追踪体系

（一）业务进度的追踪

（二）业务流程的追踪

（三）关键指标的追踪

（四）工作习惯的追踪

（五）业务技能的追踪

（六）业务工具的追踪

五、用标准化复盘实现团队高效精进

（一）高效复盘六步骤

（二）复盘内容模板化，实现全员高效复盘

（三）用四个问题找到数据差异背后的主观原因

六、工作习惯标准化，持之以恒正确地做事

（一）将管理能力内化成工作习惯

（二）养成高效开会的习惯

一、业务管理标准化的益处

（一）管理过程更简单

与业务动作的落地同样重要的是业务管理的落地。只有业务动作而没有管理与之相匹配，组织运行的闭环就无法形成，业务动作就不能落实到位，组织更不可能取得预期的业绩。

无数优秀的管理者证明：管理越简单，组织越高效，执行力越强。

业务管理标准化就是要用标准化的流程串联管理动作，用标准化的指标衡量管理的过程和结果，用标准化的管理习惯追踪管理过程。所带来的好处是让管理全流程可视化、清晰化，管理事项一目了然，管理者清晰地知道管什么、怎么管、取得什么效果。即使是新晋的管理者也能通过标准化管理体系快速抓到管理的核心，能用科学的手段落实管理。

（二）管理决策更理性

具备数据思维、依据数据做决策是对管理者的基本要求，但现实中很多酒企、酒商的管理者都不具备数据思维，没有依据数据做决策的习惯。

做决策所凭借的依据直接决定了管理结果。我们发现，大量的管理者只凭获得的片面信息甚至是仅凭感觉做决策，没有完备的数据支撑，结果总是不能取得理想的业绩。

我给大家分享一个故事，让大家了解一下什么是用数据做决策。

我曾服务的某客户在招聘省区负责人的过程中遇到了这样一位面试者：

面试者曾在一家很有名气的徽酒企业任山东省区域负责人，面试中我曾服务的那位客户问他在山东布局产品的前景如何，他预估年销售额可达5000万元；问他一家新商一年大概能做多少销售额，他说100万元左右；问他打算开发多少家新商，他说每个地级市一家新商；问他山东有多少个地级市，他说有16个；问他如何配备人员，他说每个地级市配备3~4人。

大家看出问题了吗？按面试者的说法，16个地级市，16个新商，每个新商一年做100万元销售额，算下来只能做到1600万元的年销售额。他根本没有办法将5000万元的销售额分解到16个地级市。而且，一个地级市只有100万元销售额，却需要配备3~4人，这样低的人效，公司岂不是要亏损？面试者显然不能用数据来证明他的决策是正确的。

这种不以数据为决策依据的毛病在行业内的基层管理者身上普遍存在——大到年度规划，小到周目标、日目标的制定和分解，甚至是对业务动作的调整，他们都没有做到以数据为凭。

凭感觉来管理的结果就是业绩“听天命”，具有极大的不确定性，忽高忽低，时有时无。业务管理标准化的目的就是要强制改变这一现状——用管理报表将目标、过程指标、结果指标及执行动作全部模板化，以管理报表作为日、周、月工作任务的执行依据，每周、每月、每季度的复盘和调整都建立在最终数据与初始数据对比结果的基础上，所有决策和行动都用数据来指导。

（三）重要管理动作变成“肌肉记忆”

从时间维度上看，管理动作可分解成每天做什么、每周做什么、每月做什么和每年做什么。日复一日、年复一年地重复那些有效的管理动作，管理者和组织就能养成良好的工作习惯。很多公司都知道日例会的重要性，可又有几家公司能真正将日例会开出效果呢？大多数公司的日例会都是流于形式甚至是想不开就不开。

我曾深度研究过一家优秀酒商成功的秘诀。这家酒商的一名中层管理者在接受我的访谈时向我讲述了这样一个情况：公司的总经理只要不出差，就必定参加公司晨会，哪怕刚应酬到凌晨也绝不缺席，十几年如一日。总经理的这个行为对其他人的影响很大，因此各层级的管理者都很重视晨会。当访谈到总经理时，他自己也说到了此事，他说管理并没有那么复杂，无非就是在日常工作中坚持做那些正确的事。

管理有一个闭环机制叫“PDCA 循环”，即“计划（Plan）”“执行（Do）”“检查（Check）”“处理（Act）”四个阶段的循环。这个循环也是促使业务管理精进的工具。“PDCA 循环”这一工具在企业中的普及率很高，但使用效果却良莠不齐，原因何在？我的观察结果是那些把“PDCA 循环”的每一个动作都变成习惯的组织、形成了相应机制的组织，其使用效果就好，反之则差。

“计划”就是制定和分解月度、季度、年度目标。“执行”就是以指标和关键结果为导向对过程进行追踪，建立标准化的数据仪表盘。“检查”就是召开日、周、月的复盘会。“处理”就是找出更优经验，将最优经验有效动作化，形成执行标准，然后以此作为改变的基点，进入下一个循环。

要想“PDCA 循环”取得好的使用效果，定点、定时、定人召开会议是第一重保障，具备数据思维是第二重保障，做到有效动作标准化是第三重保障。无论是会议的召开还是数据仪表盘的建立、有效动作的梳理，都可以通过标准化的方式变得模式化，最终转化为管理者的习惯，而管理者将习惯长久保持下去，必定会持续取得管理成果。

二、从业务管理的全生命周期看标准化的落地

（一）从目标管理视角看业务管理的全生命周期

业务管理其实就是目标管理。“目标管理”这一概念是美国管理学家德鲁克先生于 20 世纪 50 年代提出的，其核心思想是企业要把目的和任务转化为总目标和分目标，并用它们来指导生产和管理活动，而且企业的管理人员和普通员工都要参与目标的制定，在工作中实行“自我控制”并努力实现目标。这也正是业务管理的核心内容。

基于目标管理的理论基础，我们可以把业务管理的全生命周期提炼为“定目标、追过程、拿结果”。

“定目标、追过程、拿结果”又可以分解为以下环节：自上而下制定目标，公司将目标分解到业务团队，业务团队将目标分解到每个人，营造为目标而行动的氛围；将目标实现的过程和结果具象为数据指标，建立数据仪表盘；建立过程追踪体系，跟踪并辅导团队完成过程指标；以数据仪表盘为依据进行复盘。

业务管理的全生命周期以制定阶段性目标为始，以达成阶段性目标为终，循环往复。业务管理的全生命周期是由若干关键动作构成的，能否将这些关键动作做到位，决定了业务管理能否取得成果。

管理学是一门内容庞杂的学科，但在实践中，管理动作一定要简洁，因为动作简洁才容易执行，才会高效。用标准化的方法把业务管理的关键动作变得简洁、清晰、可复制之后，人人都能成为优秀的管理者。

（二）科学设定阶段目标是标准化能够落地的前提

什么才是科学的目标？从公司的角度看，能完成公司规划的目标就是科学的目标；从业务团队的角度看，通过努力能实现的目标就是科学的目标。所以，真正科学的目标就是既能满足公司需求又在业务团队能力范围之内的目标。

很多公司在自上而下分解目标时层层加码，最后可能公司的目标实现了，业务团队的目标却没有实现，不能获得该有的收益和奖励。还有的公司让业务团队自己制定目标，业务团队为了减轻压力，便制定了偏保守的目标，这样一来，业务团队的目标最终是达成了，但公司的成长需求却没能得到满足。

制定并分解目标是业务管理的第一个动作，如果这个动作做错了，那么后面的动作全是无效动作。那么，我们应该怎样去制定科学的目标呢？

首先，找准时间维度，让目标精准可控。

目标可分为年度目标、季度目标、月度目标、周目标和日目标。年度目标即总目标，它与公司的年度战略规划对齐。公司根据年度战略规划制定出总目标后，把总目标分解到业务团队，形成团队的季度目标、月度目标，业务团队再将目标分解到每位成员，形成个人的季度目标、月度目标、周目标和日目标。

制定和分解目标的核心的要求之一是“精准”，但在实际情况中会有很多干扰因素，例如公司因运营的时间不够长而没有积累起足够多的经验和数据、公司发展呈非线性、团队变动等，导致很难完全按照一定的时间维度来精准分解公司制定的总目标。

制定和分解目标的过程就是做计划的过程，而做计划的过程就是为目标匹配资源的过程，如果目标不是精准可控的，那么很难做到精准匹配资源。因此，一定要找到一个合适的时间维度，让目标尽可能精准可控。

在服务企业的过程中，我们发现最佳的时间维度是月。无论是年还是季度，周期都太长，一旦月度目标无法实现，年度目标和季度目标通常都会落空。很多企业都遇到过这种情况。

从公司的角度看，季度、月度目标是可以调整的，只要能保证年度目标实现即可。以月为时间维度对业务进行管理和干预，可以保证调整的及时性和灵活性。当某个月的目标没有达成时，可通过深度复盘找到原因，然后采取合适的措施，对当季或其他月份的目标进行调整，保证当季的目标得到实现。从业务团队的角度看，月度目标可分解为周目标，即使某周的目标没有完成，依然可以通过调整其他周的目标来使整个团队的月度目标得以达成。

之所以选择以月为时间维度，还有两个很重要的原因：一是月度目标的制定更容易找到数据支撑——上个月或上个季度的目标达成情况都可以作为制定本月目标的参考。二是万一环境发生了变化，那么还有做出调整的时间。

企业应在年度目标的指导下制定精准的月度目标，也即月初始计划，再依据月度目标分解出周目标、日目标，对周目标和日目标的实现过程进行管控，提高月度目标实现的确定性。

其次，把目标具体分解，落实到人。

目标只有被具体分解并落实到人，才有可能实现。

第一，与目标相关的每一个数据指标都需要有人承接。在现实中，很多组织把目标分解到业务团队了，但业务团队里并没有合适的人可承接。这种情况看起来似乎不可理喻，但在现实中确实存在。建议这样的组织还是先把业务团队组建好，再去做目标分解。

第二，人在承接目标时，心里应该是认同这个目标的，并且与上级有过深度沟通。

樊登老师在《可复制的领导力》一书中给出了一个把目标分解到个人的标准流程：写出目标—列出阻碍实现目标的原因—列出可以帮助实现目标的条件—写下个人特征—列出要做的事情。通过这个标准流程我们可以看出，业务团队的负责人分解目标之前要先考虑团队成员的个人情况，与团队成员一一进行沟通，再根据每个人的能力、资历、资源等匹配目标，而不是平均指派和简单地上传下达。能够实现个人目标与组织目标统一的做法才是正确的做法。

导致个人目标不能完成的一个很重要的原因是个人没有从心底里认同组织分配给他的目标，只是迫于公司给予的压力，心不甘情不愿地接受了，实际上他并没有动力去寻找实现目标的路径和方法。

最后，在把团队目标分解为个人目标的过程中，团队负责人应与团队成员在以下方面达成共识。

（1）由目标分解出的指标及要做的有效动作。

（2）完成目标的时间节点。

（3）考核标准。包括完成了目标有什么样的奖励，完不成目标有什么样的惩罚。有时候要以周或日为时间单位进行考核，那样对团队成员的触动作用更大。

（4）实现目标的途径和方法。特别是对如何使用资源、政策，双方要进行深度沟通。

（5）实现目标能得到的好处。主要是指宏观视角下的好处，比如实现目标之后市场呈现出来的状态、企业能获得的市场地位、个人能获得的晋升机会等。

（6）未能实现目标带来的坏处。这也是指宏观视角下的坏处，比如未能实现目标对市场状态、公司地位、个人前景造成的负面影响。

业务团队负责人要关注团队成员在承接目标后的情绪变化，洞察其心理活动，及时解除他们的担忧和顾虑，使他们能用最好的状态去追逐目标。

三、用初始计划表制定和分解月度目标

在制定和分解月度目标时，我们可以用初始计划表将关键要素列出，形成标准化工具，让这一动作变得简单。初始计划表既要涵盖业务组织架构中的所有人员，又要载明结果指标和过程指标。

下面我们以某酒业公司线下烟酒店、餐饮店渠道业务的初始计划表为例，看一看各层级的初始计划表是如何形成的：

××酒业的线下业务组织架构是“销区总监—区域经理—主管—业务员”，公司会把销区的年度目标按月分解到销区，再由销区总监向下层层分解。公司直营区域的业务和经销区域的业务均由公司直接管理，对终端进行深耕，业务线上所有人员均以《业务有效动作标准化手册》为动作执行依据。

销区总监的初始计划表如表 4－1 所示。销区总监的初始计划

表由月度计划和周计划两部分构成。其中，月度计划是按区域和品项分解出的月度结果指标，包括月度出货量、月度现金出货量、月度收回欠款和月度经销商回款等；周计划是基于月度结果指标分解的周结果指标和周过程指标。具体的过程指标各销区可根据自身实际情况进行调整。销区总监的初始计划表中，最小的时间维度是周。

经理的初始计划表如表 4 –2 所示。经理的初始计划表分解的时间维度要细化到日，因为经理是业务员的直接管理者，在日常管理中，每天都要对业务员的工作进行追踪和指导。经理如果要对初始计划表中的指标做出调整，那么应基于日指标的完成情况来进行。

业务员的初始计划表如表 4 –3 所示。业务员的月初计划表包括月度结果指标、周结果指标、日结果指标和日过程指标等内容。

使用标准化的初始计划表，可以让制定和分解目标的过程体系化、模板化，易于套用。即便是没有经过系统训练的管理者也可以利用标准化的初始计划表来制定和分解目标并层层传递，让每个人的目标都与公司的目标对齐，同时还可以通过对周过程指标、日过程指标的追踪、复盘，使每个人的行动都与目标达成相关联。

表 4－1　销区总监初始计划表

××酒业××市场××区域××月初始计划（总监）											
市场	区域	区域现有终端/个	目标终端/个	已铺终端/个	负责人	产品	月度出货量/件	月度现金出货量/件	月度收回欠款/元	月度经销商回款/元	备注
						品项 1					
						品项 2					
						合计					

月度核心指标周分解																			
日期	产品	出货量/件		现金出货量/件		收回欠款/元		经销商回款/元		精铺市/家		搞品鉴/场		送惊喜/家		促动销/家		超级推销员/家	
		计划达成	实际达成	计划达成	实际达成	计划达成	实际达成	计划达成	实际达成	计划达成	实际达成	计划达成	实际达成	计划达成	实际达成	计划达成	实际达成	计划达成	实际达成
第一周	品项 1																		
	品项 2																		
第二周	品项 1																		
	品项 2																		
第三周	品项 1																		
	品项 2																		
第四周	品项 1																		
	品项 2																		

表 4－2　经理初始计划表

××酒业××市场××区域××月初始计划（经理）											
市场	区域	区域现有终端/个	目标终端/个	已铺终端/个	负责人	产品	月度出货量/件	月度现金出货量/件	月度收回欠款/元	月度经销商回款/元	备注
						品项 1					
						品项 2					
						合计					

月度核心指标周分解

日期	产品	出货量/件		现金出货量/件		收回欠款/元		经销商回款/元		精铺市/家		搞品鉴/场		送惊喜/家		促动销/家		超级推销员/家	
		计划达成	实际达成	计划达成	实际达成	计划达成	实际达成	计划达成	实际达成	计划达成	实际达成	计划达成	实际达成	计划达成	实际达成	计划达成	实际达成	计划达成	实际达成
第一周	品项 1																		
	品项 2																		
第二周	品项 1																		
	品项 2																		
第三周	品项 1																		
	品项 2																		

续表

日期	产品	出货量/件		现金出货量/件		收回欠款/元		经销商回款/元		精铺市/家		搞品鉴/场		送惊喜/家		促动销/家		超级推销员/家	
		计划达成	实际达成	计划达成	实际达成	计划达成	实际达成	计划达成	实际达成	计划达成	实际达成	计划达成	实际达成	计划达成	实际达成	计划达成	实际达成	计划达成	实际达成
第四周	品项 1																		
	品项 2																		

月度核心指标日分解																														
核心动作		当月重点动作	第一周							第二周							第三周							第四周						
			1	2	3	4	5	6	7	8	9	10	11	12	13	14	15	16	17	18	19	20	21	22	23	24	25	26	27	28
品项 1 出货	计划达成																													
	实际达成																													
品项 2 出货	计划达成																													
	实际达成																													

续表

核心动作		当月重点动作	第一周							第二周							第三周							第四周						
			1	2	3	4	5	6	7	8	9	10	11	12	13	14	15	16	17	18	19	20	21	22	23	24	25	26	27	28
收回欠款/元	计划达成																													
	实际达成																													
经销商回款/元	计划达成																													
	实际达成																													
精铺市/家	计划达成																													
	实际达成																													
搞品鉴/场	计划达成																													
	实际达成																													
送惊喜/家	计划达成																													
	实际达成																													

续表

核心动作		当月重点动作	第一周							第二周							第三周							第四周						
			1	2	3	4	5	6	7	8	9	10	11	12	13	14	15	16	17	18	19	20	21	22	23	24	25	26	27	28
促动销/家	计划达成																													
	实际达成																													
超级推销员/家	计划达成																													
	实际达成																													

表 4－3　业务员初始计划表

××酒业××市场××区域××月初始计划（业务员）											
市场	区域	区域现有终端/个	目标终端/个	已铺终端/个	负责人	产品	月度出货量/件	月度现金出货量/件	月度收回欠款/元	月度经销商回款/元	备注
						品项 1					
						品项 2					
						合计					

月度核心指标周分解																			
日期	产品	出货量/件		现金出货量/件		收回欠款/元		经销商回款/元		精铺市/家		搞品鉴/场		送惊喜/家		促动销/家		超级推销员/家	
		计划达成	实际达成	计划达成	实际达成	计划达成	实际达成	计划达成	实际达成	计划达成	实际达成	计划达成	实际达成	计划达成	实际达成	计划达成	实际达成	计划达成	实际达成
第一周	品项 1																		
	品项 2																		
第二周	品项 1																		
	品项 2																		
第三周	品项 1																		
	品项 2																		

续表

日期	产品	出货量/件		现金出货量/件		收回欠款/元		经销商回款/元		精铺市/家		搞品鉴/场		送惊喜/家		促动销/家		超级推销员/家	
		计划达成	实际达成	计划达成	实际达成	计划达成	实际达成	计划达成	实际达成	计划达成	实际达成	计划达成	实际达成	计划达成	实际达成	计划达成	实际达成	计划达成	实际达成
第四周	品项 1																		
	品项 2																		

月度核心指标日分解

日期	序号	客商单位	出货量/件				现金出货量/件				收回欠款/元		送惊喜/家		超级推销员/家		筛核心店/家		搞品鉴/场		促动销/家	
			品项 1		品项 2		品项 1		品项 2													
			计划达成	实际达成	计划达成	实际达成	计划达成	实际达成	计划达成	实际达成	计划达成	实际达成	计划达成	实际达成	计划达成	实际达成	计划达成	实际达成	计划达成	实际达成	计划达成	实际达成
1																						
2																						
3																						
4																						
5																						

续表

日期	序号	客商单位	出货量/件				现金出货量/件				收回欠款/元		送惊喜/家		超级推销员/家		筛核心店/家		搞品鉴/场		促动销/家	
			品项1		品项2		品项1		品项2													
			计划达成	实际达成	计划达成	实际达成	计划达成	实际达成	计划达成	实际达成	计划达成	实际达成	计划达成	实际达成	计划达成	实际达成	计划达成	实际达成	计划达成	实际达成	计划达成	实际达成
6																						
7																						
8																						
9																						
10																						
11																						
12																						
13																						
14																						
15																						
16																						
17																						

续表

日期	序号	客商单位	出货量/件				现金出货量/件				收回欠款/元		送惊喜/家		超级推销员/家		筛核心店/家		搞品鉴/场		促动销/家	
			品项1		品项2		品项1		品项2													
			计划达成	实际达成	计划达成	实际达成	计划达成	实际达成	计划达成	实际达成	计划达成	实际达成	计划达成	实际达成	计划达成	实际达成	计划达成	实际达成	计划达成	实际达成	计划达成	实际达成
18																						
19																						
20																						
21																						
22																						
23																						
24																						
25																						
26																						
27																						
28																						

四、建立标准化的业务管理追踪体系

按初始计划表分解完月度目标之后，我们就建立起了有月、周、日等时间单位的数据仪表盘系统，接下来要做的业务管理动作就是对达成数据仪表盘上各项指标的过程进行追踪和辅导。这也是业务管理的核心动作之一——“追业务”。针对“追业务”，张丽俊老师提出了“六追体系”：追业务进度、追业务流程、追关键指标、追工作习惯、追业务技能和追业务工具。这六个方面都追踪到位，每日、每周、每月的指标达成才有保证。

接下来，我们来看“六追体系”该如何落地。

（一）业务进度的追踪

业务进度要通过每日的晨会、每周的周会和每月的月会来追踪。

晨会的内容主要是复盘昨日的指标达成情况，明确当日的指标和实现路径，具体包括以下内容：公示昨日指标达成情况，若未能达成，要分析原因，重点深挖主观原因；公布奖惩，分享优秀经验；明确当日的工作计划。

周会的内容主要是追踪上周的业务进度，对本周的指标和策略进行调整，具体包括以下内容：用周复盘表来复盘上周的指标达成情况，若未能达成，要分析原因，找出问题所在，提出改进措施并制订行动计划；分享优秀经验。

月会的主要内容是复盘上月的业务完成情况，制定本月目标，具体包括以下内容：回顾上月的指标达成情况，若未能达成，要找到原因，提出改进措施；制订本月初始计划；明确个人目标和有效动作；宣布奖惩，鼓舞团队士气。

（二）业务流程的追踪

比照标准化规范，对业务流程的落地过程进行跟踪、复盘，及时对流程进行调整、优化。

（三）关键指标的追踪

（1）比照初始计划表复盘昨日指标达成情况，确认当日指标任务。

（2）用周复盘表对上周的指标达成情况进行汇总、分析，找到问题，对本周计划进行调整。

（四）工作习惯的追踪

（1）每日一场晨会，定时、定点、定人、定内容地召开。

（2）每周一场复盘会，定时、定点、定人、定内容地召开。

（3）每月一场复盘会，定时、定点、定人、定内容地召开。

（五）业务技能的追踪

用业务标准化手册进行追踪。

（六）业务工具的追踪

用业务标准化手册、初始计划表、周复盘表、公司的数据管理系统进行追踪。

管理者将“六追体系”落地，就能实现目标的上下对齐、管理的上下对齐，实现组织的“四个一致”。

五、用标准化复盘实现团队高效精进

（一）高效复盘六步骤

苏格拉底说：“没有反思的人生是不值得过的人生。”同理，没有复盘的团队是找不到精进方向的团队。

很多组织常常用总结来替代复盘，但实际上两者的目的和内容都有很大的区别：总结是面向过去，评判功与过；复盘是面向未来，及时纠偏，使个人和团队取得更大的进步。

高效复盘包含六个步骤：回顾目标、评估结果、分析原因、总结经验、改进措施、制订行动计划。

没有目标可参照就无法复盘，没有数据可对比就不能评估。从评估中找到实际结果与预期结果之间的差异后，要对差异进行分析、归因，总结出经验和教训，找到精进的具体措施，制订出行动计划，然后进入下一个执行周期。

将高效复盘的六个步骤转化为标准化执行步骤，管理者的复盘工作就不会走偏。

（二）复盘内容模板化，实现全员高效复盘

对一个每日、每周、每月、每季度都要复盘的组织而言，复盘是件费时费力的事情。如何才能使复盘工作变得既简单又高效？

方法就是将复盘内容模板化。

表4－4是我们为所服务的一家酒企设计的复盘内容模板。该模板将复盘内容分为六个部分。

（1）回溯行动目标。执行者参照初始计划将数据填入即可。

（2）对比结果事实。将指标实际达成量填入，算出达成率。

（3）全面分析原因。包括客观原因和主观原因，要求重点找出那些可改变的主观因素。

（4）制订行动计划。按“停止废动作—优化低效动作—重复高效动作—开始全新动作”的逻辑列出具体的计划清单。

（5）跟踪、反馈、优化。制订新的行动计划，再次进入PDCA循环。比对指标调整前后取得的结果，看是否实现了更高的目标和绩效。

（6）优秀经验分享。在周复盘和月复盘中找到个别团队或成员探索出的优秀经验，将其纳入标准化手册，进行分享和复制。将复盘内容模板化，约束复盘的逻辑和内容，能大大节约管理者的时间，使复盘工作变得简单、高效。

（三）用四个问题找到数据差异背后的主观原因

把初始计划的数据与实际结果的数据进行对比，如果有差异，那么就要分析差异产生的原因。原因可分为主观原因和客观原因，复盘时重点找主观原因，因为主观原因就是团队本身的原因，找到主观原因才能改变团队。

如何找到主观原因呢？可通过四个问题来挖掘：

（1）计划有问题吗？

表 4－4　复盘表

××酒业丨××市场××区域××月初始计划（业务）																
市场动作指标													区域辅导			
一、回溯行动目标	规划指标	品项 1 出货量/件	品项 2 出货量/件	品项 1 现金出货量/件	品项 2 现金出货量/件	收回欠款/元	经销商回款/元	精铺市/家	送惊喜/家	超级推销员/家	搞品鉴/场	促动销/家	团队组建优化	核心市场月度规划	区域经销商会	核心市场政策输出
二、对比结果事实	实际达成量															
	实际达成率/%															
三、全面分析原因	客观原因															
	主观原因															
四、制订行动计划	停止废动作															
	优化低效动作															
	重复高效动作															
	开始全新动作															

续表

		市场动作指标									区域辅导					
五、跟踪、反馈、优化	项目	品项1出货量/件	品项2出货量/件	品项1现金出货量/件	品项2现金出货量/件	收回欠款/元	经销商回款/元	精铺市/家	送惊喜/家	超级推销员/家	搞品鉴/场	促动销/家	团队组建优化	核心市场月度规划	区域经销商会	核心市场政策输出
	调整前															
	调整后															
六、优秀经验分享																

（2）执行到位吗？

（3）有经验总结吗？

（4）有提升方法吗？

当数据出现了差异，首先要分析初始计划是否合理，例如初始假设是否成立、数据是否严谨、竞争对手或环境是否发生了变化、策略是否清晰明确等。初始计划不精准造成数据差异属于主观原因，这一因素在复盘中常常被忽略。如果直接从执行入手找原因，没发现初始计划是导致数据差异产生的源头，不从源头着手调整，那么数据差异会一直存在。

例如，有甲、乙两名跑终端的业务员，某日两人都跑了20家终端，但甲的补货指标达成率为80%，乙的补货指标达成率为50%。复盘后发现，乙不掌握大部分终端的实际库存，跑一家谈一家，库存低的终端有补货需求，库存高的终端就不需要补货；而甲已经事先了解了当天要跑的终端的库存情况，并针对库存少的终端制定了有针对性的补货方案，此外还自采了一些小礼品送给补货的终端。两人同样跑了20家终端，用了同样多的工作时间，结果却不同，原因就是乙的初始计划不严谨。

如果初始计划没有问题，那么就要看看执行是否到位。以终端业务日常拜访为例，复盘时要通过追问来找到哪些动作没做到位，原因是什么——“昨天任务完成了吗？”“网点都跑到了吗？”“陈列合不合格？”“陈列面有没有增加？”“遇到了什么障碍？”要通过这样一系列的追问让执行者反思自己的执行情况。与此同时，我们还要追问执行者使用的方法，例如：“陈列不合格的原因是什么？”“是终端客情不到位吗？”“自己动手整理了吗？”“是不了解公司的陈列标准吗?”通过这一系列的追问找到没有执行到位的原因，看看是技能的问题还是态度的问题，以便采取有针对性的整改措施。

复盘的目的不是追责，而是为了找到具体的整改措施及制订新的行动计划，使业务过程得到优化，业绩得到提升。复盘的最后我们要问两个问题：“新的计划能够支撑团队挑战更高的目标吗?”“新的计划能够实现更高的绩效吗?”如果两个问题都有正向答案，那么证明我们的复盘是一次高效的复盘。

复盘之后要采取四个措施：停止废动作，优化低效动作，重复高效动作，开始全新动作。

六、工作习惯标准化，持之以恒正确地做事

（一）将管理能力内化成工作习惯

北京创业酵母管理咨询有限公司的创始人张丽俊老师认为，优秀的管理者应该至少具备三种管理能力，即业务管理能力、团队管理能力和自我管理能力，如图4－1所示。

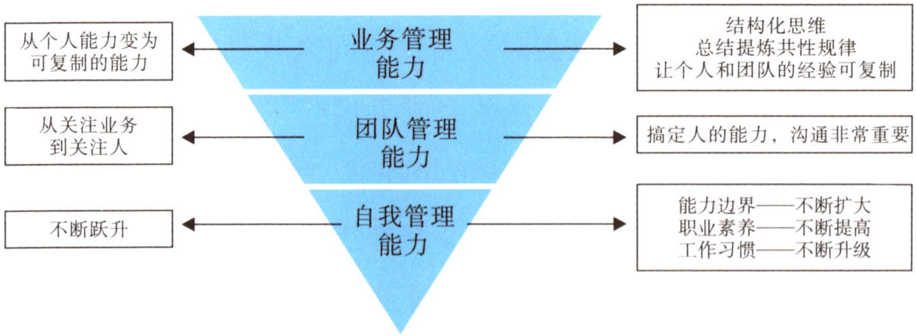

图4－1　优秀管理者必备的三种管理能力

拥有业务管理能力，就是能够建立业务管理体系并用之来管好业务。拥有团队管理能力，就是能够建立团队管理体系，能够通过团队作战取得成果。拥有自我管理能力，就是有高水平的思维认知，有良好的职业素养和工作习惯，能够管好自己。

无论是杰出的人还是基业长青的组织，他们之所以能取得成功，绝不是仅靠一个伟大的理念或一个高效的动作，而是靠长期、一贯地坚持一种或几种好习惯，进而带动诸多好习惯形成。习惯的力量是巨大的，是好习惯让他们取得了杰出业绩。好习惯为个人的成长和自我管理的落地提供了保障，就像冯唐说的，“管理是一生的日常，而日常过成什么样，由习惯决定”。

一个长期坚持开例会的管理者和一个不把例会放在心上的管理者，谁会取得好的绩效？一个坚持用数据来决策的管理者和一个随性决策的管理者，谁会取得好的绩效？一个坚持在工作场景中辅导团队的管理者和一个随机辅导团队的管理者，谁会取得好的绩效？答案不言自明。

（二）养成高效开会的习惯

1. 落实会议“定时、定点、定人、定内容”四要素

管理者管理的是一个团队，沟通、协调是管理中必不可少的动作，而会议是执行以上动作的重要场景，因此，管理者需要建立的第一个工作习惯就是高效地开会。管理者要意识到，开会是群体行为，会议无效或低效会浪费大量的时间和人力。

要想高效地开会，必须做到“定时、定点、定人、定内容”。

“定点”指开会要有固定地点。随着互联网技术的发展，地点

不再局限于某个现实地理位置，它也包括某个虚拟空间。有的企业晨会通过腾讯会议开，月会在公司开，这也是“定点”。

“定人”指会议有明确的参会人员。有一次我去参加客户的生产整改会，总经理看见人资专员在场而人资经理却不在，当场发了火，让人资专员离开会场，把人资经理叫过来。开什么类型的会，应该由什么职级的人参加，把这事定下来就是“定人”，目的是保证会议事项落实到人。让无关的人参会只会浪费时间。

“定内容”指会议应有针对性地解决一个或若干问题。这是保证会议效率的一个重要因素。

“定时”指开会要有固定的时间。这是实现高效开会的前提之一。

2. **会议管理标准化**

企业可根据自身所处的发展阶段、组织规模和业务需求，建立起业务端的会议制度，设立晨会、夕会、周复盘会、月复盘会等会议，并将会议管理标准化。

（1）晨会。晨会的功能是布置工作和营造氛围。布置工作，就是把当天的核心工作说清楚，让大家知道要干什么、怎么干、干成什么样；营造氛围，就是激发起团队为实现目标“冲锋陷阵”的情绪，让大家精神饱满地开始一天的工作。晨会要求管理者不批评人、不在具体问题上纠缠。

关于在晨会上如何营造氛围，我们建议管理者按如下的步骤去做。

第一步：给予正面二级反馈。至于什么是正面二级反馈，大家可看看樊登老师的《可复制的领导力》一书，书中有详细的讲解。

第二步：对业务员进行鼓励，同时表达对他们的信任。

第三步：树立信心。让业务员说出自己的优点、别人的优点，通过互相学习优点、相互鼓励树立起信心。

第四步：给人以希望。不揪住问题不放，不问原因，不提困难。

第五步：给会议一个好的结尾。会议结束前的总结发言要既能表达真情实感，又能煽情带动气氛，但不能空喊口号。

为发挥晨会的功能，我们建议开会流程按以下步骤进行：

第一步：业务员汇报当日计划，主要是如何将初始计划分解为当日指标。

第二步：管理者明确当日的指标、工作重点以及昨日改进计划中需要在当日落实的部分。

第三步：营造气氛，肯定团队取得的成绩，对优秀者进行表扬。

经理与团队开晨会要采用面对面的方式，总监与经理开晨会可采用视频会议的方式。

（2）夕会。夕会的功能是检查工作，即检查当日指标的达成情况，分析造成数据差异的原因，找到改进措施。夕会也是当日的复盘会，因此要基于日数据做客观分析，及时发现问题并及时处理。

我们建议夕会按以下步骤进行：

第一步：业务员汇报当日的初始计划与实际完成情况的数据差异，分析出现数据差异的原因，提出改进措施。

第二步：管理者给予回馈，就改进措施是否可行、应该用什么方法等提出意见和建议，并与业务员确定落实的细节。与晨会不同的是，夕会上管理者要揪住问题不放，细究原因，直到找到答案，以便对业务员进行有针对性的辅导。

第三步：抓住典型做辅导。管理者对指标达成率较为落后的业务员进行有针对性的辅导，或者对普遍出现的典型问题做有针对性的讲解。

（3）周复盘会。周复盘会的功能是通过比对周指标，对业务节奏进行以周为时间单位的动态调整，保证月度目标的达成。

周复盘会分为中层管理者与业务员的周复盘会、公司高层管理者与中层管理者的周复盘会，两者的召开时间、方式、流程和结果呈现都要标准化。

（4）月复盘会。月复盘会有两项功能：当月业绩复盘和制定下月目标。业绩复盘的内容按模板进行，对季度目标负责，同时为制定下月目标提供依据。制定下月目标时，要将公司月度总目标分解到具体的区域。在公司层面上，这是最重要的管理动作，各部门或销区的负责人必须按时回公司开月会。

把会议管理标准化，严格落实“定时、定点、定人、定内容”四要素，有利于促进管理者养成高效开会的习惯，提升管理效率。如果企业有了标准化的会议管理制度，那么无论管理者自身水平如何，在会议管理上至少也能做到70分，那些优秀的管理者可以进一步创新，做得更好。

划重点： 本章中，我们讲解了如何通过业务管理全流程的标准化让管理者具备系统的管理能力，此外还讲解了如何通过标准化来固化管理者的行为习惯，帮助企业实现干部的批量培养。

第5章 标准化落地：从理念统一到行为落地

边读边想：

（1）落实标准化有哪些手段？

（2）怎样学才能真正提升技能？

一、取得共识是形成执行力的前提

（一）为什么要做，讲清好处

（二）怎么做，讲清方法

（三）把丑话说在前头，讲清后果

二、员工培训：先学后用，以练代学

（一）学员也是老师，边讲边学

（二）用课堂模拟场景，实操技能直接练

（三）高频次考试

三、大胆实践，辅导纠偏

（一）在场景中辅导，及时纠偏

（二）用十六字箴言辅导，管理者亲自示范

四、明确考核和奖惩办法，实现管理闭环

（一）紧跟执行，明确检查制度和标准

（二）奖罚分明，与绩效挂钩

一、取得共识是形成执行力的前提

要想在组织中把标准化推行下去，首先要在理念上形成共识，只要公司认为标准化好，各级管理者和业务员也认为好，才能把标准化执行好。同样的标准化方法，不同的组织或同一个组织里的不同团队执行起来总是有差距，很大一部分原因是理念上没形成共识。

（一）为什么要做，讲清好处

有这么一个案例：

某公司正在推行标准化，王经理和李经理同为该公司核心市场的大区经理。王经理在拿到标准化手册后，第一时间邀请公司市场部对片区人员进行培训，培训完之后即按公司的考核要求落实任务，每天晨会上都要拿出10分钟来让不同员工讲解和分享标准化手册的内容，此外还亲临一线指导标准化的落实工作，一个月后，标准化已初见成效。李经理平时的业绩不俗，也很配合公司的管理工作，但这次接到实施标准化的任务后却迟迟不开展工作，而是在公司的再三催促下才勉强组织片区人员进行培训，培训完后他认为任务已经完成，既不对标准化的落地工作进行追踪，也不做辅导，结果每周的复盘会上都会因标准化落实不到位而挨批。

我们对王经理和李经理分别进行了深度访谈，发现是两人对标准化的认知存在差异，导致两人的执行动力不同，取得的结果也大相径庭。

王经理在之前的从业经历中曾接触过标准化管理体系，而且还是一名受益者，他打心底里认同标准化对提升工作效率、提升团队能力有巨大帮助。李经理从未接触过标准化，并且认为自己职业生涯的成功恰恰是“灵活行事”带来的，在与我们交谈的过程中，他多次对业务管理标准化表示不理解，认为标准化会扼杀业务员的变通能力和创新能力。

从这个案例我们可以看出，标准化的实施效果不好，有时候不是能力的问题，而是认知的问题。

标准化一般都是自上而下推行的。公司的“一把手”或核心高管认同标准化的价值，当然会主张在公司推行，但各层级的员工所处的位置不同，考虑的问题也不同，“一把手”或者核心高管认为有价值的事，他们不一定认为有价值。很多管理办法推行不下去，都是因为员工们心里有诸多问号：“我为什么要听从？”“公司是不是又在折腾我们？”“这是啥要求？”

人类天生爱追寻意义，包括生命的意义、做事的意义，意义是方向，是目标，也是驱动力。换个词，“意义”其实就是“价值”，认同标准化的价值是标准化得到高效执行的内在驱动力。

我们服务过一家市值近200亿元的上市公司，在向公司高层解释“为什么要推行标准化”这个问题时，我们分别从公司和员工个人两个层面进行了阐释：

从公司层面看，公司未来的发展方向应该是扩大国际市场，成为一家优秀的跨国公司，而标准化几乎是所有优秀跨国公司的不二选择。从肯德基、麦当劳、IBM、华为等优秀企业的发展路径中可以看到，标准化在公司规模扩大的进程中起到了关键作用。

从员工个人层面看，标准化能让他们开心工作、快乐生活，因为标准化让他们在日常工作中有标准可依，明确知道自己该干什么、不该干什么，工作效率得到提升，节约了时间和精力——取得同样的业绩只需要花更少的时间和精力，自然就可以有时间和精力做其他事情，心情也自然会变得愉快。此外，标准化让管理变得透明，奖惩皆有章可循，团队的人际关系也因此而变得简单，员工之间出现摩擦的情况大大减少，员工的幸福感得到了增强。

该公司在推行了标准化之后，不再鼓励员工加班，而且所有法定节假日都不折不扣地放假。事实证明，该公司的业绩并未受到影响，反而连续三年都取得了两位数的增幅。

（二）怎么做，讲清方法

管理者不能想当然地认为员工拿到了标准化手册就能把标准化做好，而是要将做的方法教给员工。

标准化的整体执行流程包括“学标准”（要学得会）、“用标准”（要愿意干）、“查标准”（要真去干）、“奖与罚”（要干得好）四个环节，如图 5 - 1 所示。这四个环节形成了一个闭环，任何一个环节出问题，都可能导致标准化落实不到位。

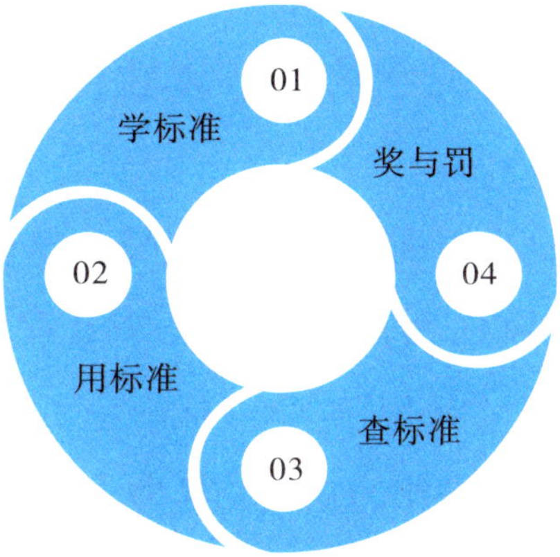

图 5－1　标准化的整体执行流程

（三）把丑话说在前头，讲清后果

和推行其他管理办法或管理规则一样，公司在推行标准化时，要让员工明确知道如果没把标准化落实到位，需要承担什么样的后果。把丑话说在前头，员工才能意识到公司推行标准化的坚决态度。

引进一种新的管理方法，一定会触及一部分人的利益，戳痛一部分人，这些人自然会千方百计地找出理由来反对新的管理方法，阻止新的管理方法的推行，最终很可能导致新的管理方法推行失败。怎么办呢？我们可以借鉴一下华为的做法。华为在推行一系列引进的管理体系时，采取的是“先僵化，后优化，再固化”的方法。这是一种非常实用的方法。

我们在推行标准化时，可以学习华为的做法，先僵化执行一段时间，等大家都能够从理念上认同，能把动作做到位了，我们再去总结优秀的经验，对标准化手册进行优化、固化。

二、员工培训：先学后用，以练代学

任正非先生说：“培训要从实战出发，学以致用，急用先学。培训士兵就教炸药包怎么捆，怎么拉导火索，不用讲怎么当元帅。”“学”的目的是“致用”，学习标准化不光是要了解标准化知识，更重要的是掌握标准化的动作、技能，并能应用到工作中，使业绩得到提升。因此，我们在对员工进行标准化培训时，使用了一系列策略。

（一）学员也是老师，边讲边学

在标准化培训课堂上，我们使用标准化手册作为教材，要求每名学员都要上台讲解教材中的内容，同样的内容至少要由五名不同的学员讲解五遍。这么做的目的是通过重复讲解让大家加深记忆和理解。我们从多年的培训实战经验中总结出一个规律：学员一般听第一遍只能记住一些自己关注的点，听第二遍能听出内在逻辑，听第三遍能找到整体框架，听第四遍能发现真正的要点，听到第五遍才能将内在框架和整体逻辑串联起来。

让学员代替老师来讲述标准化手册的内容有什么好处？

好处之一是给学员压力，逼迫他们积极学习。如果只是老师在台上讲，那么很多学员不会动脑去做深度思考，但如果他们还要担当老师的角色，那么就不得不去熟悉教材的内容。熟悉教材内容的过程也是消化教材内容的过程，讲解教材内容的过程又是巩固记忆和加深理解的过程，这就叫“以输出倒逼输入”。

好处之二是能让学员发现自身与他人的差距，及时向优秀者学习，弥补自己的不足之处。

好处之三是可以减少学习的枯燥感。同一个老师重复地讲五遍，相信很多学员都会觉得特别枯燥乏味，但是不同的人用不同的风格来讲，那就不一样了，再开展一些讲解比赛之类的活动，学习就变得更加有趣。

让学员重复讲是使其吃透标准化手册，掌握动作要点、动作细节和工具的好办法。

（二）用课堂模拟场景，实操技能直接练

在标准化培训过程中，我们把课堂变成模拟训练场，让学员现场演练技能，例如让学员使用标准化模板来制定和分解目标、用复盘表做复盘、模拟召开复盘会、模拟促销场景的对话等，然后现场点评辅导，让学员找到差距，提升自己的实操技能。

不要以为学员已经听了五遍，做起模拟训练来应该没有问题，但实际情况是"从听到做永远隔着一个太平洋"。

（三）高频次考试

我国绝大多数人都经过应试教育的洗礼，考试时的紧张感还留在很多成年人的记忆中。在标准化培训中，我们也常用考试的手段，让学员在学习时更加投入。

对于教材内容，至少要考 2 ~ 3 次，而且考题量大、难度高、及格线高，不及格者需重考及接受相应惩罚。

模拟实操的考试方式是分小组比赛，比赛成绩排名靠前者可

获得奖励。

两种形式的考试给学员带去压力和动力，帮助他们自我反思和调整，消化学习的内容。

三、大胆实践，辅导纠偏

（一）在场景中辅导，及时纠偏

员工把标准化手册学得再好，如果不去使用，就没有办法带来实际的绩效。“用标准”是标准化落地最为核心的部分，只有把标准化应用到工作中，才能检验员工对标准化掌握的程度、标准化对业绩的贡献，才能对标准化方案进行优化。

我们服务过的一家企业的高管曾说过这样的话：“我们没有必要把标准化手册写得很漂亮，也没有必要字斟句酌，把标准化的动作落实，手册才有价值。学完了标准化手册就要第一时间应用，到实践中去完善它。”我非常认同这位高管的观点。如果标准化涉及的部门、区域和人员特别多，那至少也要做到先在一些部门、区域试点执行，建立执行样板，做到“学完即用”。

标准化落地过程中，管理者要到实际的应用场景中去跟踪员工的执行情况，以便及时发现问题、解决问题。第一，要及时。管理者要及时跟进，发现有执行不到位的情况要立刻纠正，让员工尽快走出旧习惯，建立新习惯。第二，要经常。要持续跟踪、辅导员工，通过日复一日的辅导，让员工适应新标准，建立新习惯。第三，要具体。标准化有具体的动作和行为要求，有具体的实施步骤和应取得的结果，管理者要针对这些具体的标准化内容进行跟踪、辅导。第四，要给建议和办法。当员工做得不到位时，管理者要从意愿、技能、规则三个角度找到原因：当员工在认知上无执行标准化的意愿时，即使有能力也会做不好，这时管理者要通过辅导打开他的心结，使他摆正心态，深刻认识到标准化的价值；当员工能力不足以支撑他执行标准化时，管理者要有针对性地帮他补上短板；如果员工没有按规则执行标准化，管理者要及时纠正，提醒员工不要做错误动作和无效动作。

（二）用十六字箴言辅导、管理者亲自示范

十六字箴言是“我做你看，我说你听；你做我看，你说我听”。把这十六个字拆分开就得到了“员工辅导四步法”。

第一步：我做你看。管理者首先示范关键行为，用关键行为来示范正确的动作是什么，让员工看到。

第二步：我说你听。管理者在示范的同时解释为什么要这样做，思路是什么，逻辑是什么，总结标准化的成功心法。

第三步：你做我看。员工看到了管理者的示范，明白了背后的逻辑之后，要亲自执行动作，给管理者“反示范”。

第四步：你说我听。管理者让员工复述动作，做出总结。

“员工辅导四步法”对管理者提出了很高的要求，管理者不但要会干，还要会说、会总结。因此我们也建议基层管理者和中层管理者应从一线提拔，那些经过实践历练的管理者在进行系统训练之后，对团队的辅导会更到位，更能发现本质问题，更容易取得好的效果。

四、明确考核和奖惩办法，实现管理闭环

（一）紧跟执行，明确检查制度和标准

员工不会做你想要的，只会做你考核的。

很多企业的标准化落地效果之所以不理想，推行不下去，很大一部分原因是对标准化的落地执行没有明确的检查和考核标准，没有做到奖罚分明。这些企业在学习和辅导上已经做了很多工作，但在管理上没有形成闭环，最终导致标准化难落地甚至半路流产。我们服务客户时，不仅为客户提供标准化手册，同时还配以管理手册，保障标准化的落地执行。

管理者要以日和周为周期对下属员工的指标达成情况进行跟踪和检查，企业要以周为周期对各团队的指标达成情况进行跟踪和检查，并将检查结果进行公示。

（二）奖罚分明，与绩效挂钩

有了检查手段后，还要建立起科学的奖罚机制。

为提升员工的积极性，我们建议在推行标准化的初期以奖为主，以罚为辅，通过奖励来树立榜样、带动气氛；推行标准化的中后期要奖罚并重，把奖罚结果与绩效考核挂钩。

检查与奖罚的方式可以创新，例如知名的中餐连锁品牌西贝在推行生产运营标准化时就采用了非常特别的办法——用“西贝赛场”的比赛机制来使检查与奖罚形成闭环。

西贝从2016年第一季度开始举办全国性的门店生产运营标准化比赛，包括服务标准化、生产标准化、环境标准化、食品安全标准化等在内的诸多标准化项目都被纳入比赛中。

一开始，各门店可按比赛成绩排名从自家门店营收中提取一定比例的营收作为奖金。后来，西贝升级了赛法，设立了奖金池，每家门店都要从自己的营收中拿出一部分放到奖金池，各门店再按比赛成绩排名从奖金池中提取一定比例的奖金。这样一来，那些比赛成绩好的门店不仅能拿回自己放到奖金池的钱，还能赢来比赛成绩不好的门店放到奖金池的钱，员工收入也因此获得增长。此外，西贝还把比赛成绩与开店牌照和员工晋升挂钩，这使得“西贝赛场”成为西贝最有效的标准化训练场和人才培养工具。

“西贝赛场”设立跨区域的轮值裁判，即各赛区的裁判不能由本赛区的人员担任。西贝每个季度都会从各门店中抽调人员进行集中培训，让他们成为裁判员。裁判员身兼两职——既是铁面无私考核成绩的裁判，也是不同门店交流成败得失的中介。

“西贝赛场”还有专门的App，裁判们每天都要在App上写下巡店报告。巡店报告是各门店最好的学习资料。一位店长称自己每天必读巡店报告，看别家门店扣分扣在哪里，加分加在哪里，尽量避免犯下别人犯过的错。

“西贝赛场”帮助西贝在高速扩张期就完成了人才系统搭建，锻炼出一大批储备干部，实现了生产运营标准化的“惊险一跃”。

落实标准化的过程也是检验企业管理基本功和定力的过程。很多企业在推行标准化的初期充满期望，以为标准化的效果会立竿见影，员工拿着标准化手册就能立刻上手，而当现实与期望有落差时，又回头质疑标准化的价值。殊不知标准化与其他的管理制度一样，需要有完善的保障体系，长期坚持下去才能见效，才能越用越好用。

划重点： 本章我们学习了如何使标准化的落地执行形成闭环。第一，管理者要弄清楚为什么要实施标准化、怎么实施标准化，形成共识，上下同心。第二，管理者要明白学习标准化的目的是将其付诸于实践应用，因此在培训时既要重视场景演练，又要重视学员的自主意识，用输出倒逼输入，让学员成为课堂的主角。第三，管理者要在日常工作中持续跟踪标准化的落地执行情况，及时辅导、纠偏。第四，要明确奖罚制度并持续检查，将标准化执行成果纳入绩效考核体系。

第二部分

学习革命：
建立企业专属培训体系

第6章
破解酒企培训难题

边读边想：

学习能推动你的组织和员工持续成长吗？如果不能，原因是什么？

一、企业培训中常见的四大问题

（一）培训的地位与价值期待不匹配

（二）培训内容与学员需求不匹配

（三）培训计划与业务计划不匹配

（四）管理者与员工的认知水平不一致

二、企业培训应围绕经营开展

（一）培训计划匹配业务计划

（二）重技能，提升团队作战能力

（三）有干劲，塑造作战精神

（四）培育应对未来的能力

三、构建企业专属培训体系

（一）目标专属

（二）人群专属

（三）内容专属

（四）讲师专属

随着市场竞争加剧、互联网技术和数字经济带来冲击，越来越多的酒企意识到了学习的重要性，打造学习型组织成了很多酒企的方向和目标。

只有当企业学习的速度快于外部环境变化的速度时，企业才能持续成长；只有当员工学习的速度快于企业发展的速度时，员工才能不被企业所淘汰。企业若想获得可持续发展，必须通过学习不断地重构知识体系、能力体系，提升整个组织的行动能力。学习也是企业获得核心竞争力的关键。优秀的企业靠培训能解决员工成长中80%的问题，从而实现人才的批量培养和复制。

很多企业都在大张旗鼓地宣称要构建学习型组织，但对于为什么要学习、学习什么、如何学习、学习以后怎么用都没有深度思考过，结果组织的培训都变成了“鸡肋”。

一、企业培训中常见的四大问题

（一）培训的地位与价值期待不匹配

曾经有一家企业的老板找到我们，见面后他的第一句话就是：“张老师，我的团队需要培训。”我问他想通过培训解决什么问题，他足足讲了半小时，但归纳起来其实就三点诉求：一是企业近三年业绩下滑，经营压力大，想通过培训扭转局面。二是员工忠诚度太差，有的业务员拿了公司的工资，还兼职做别人家的业务，想通过培训提升员工忠诚度。三是业务员的营销能力不行，创造不了什么业绩，想通过培训提升业务员的销售技能。听他讲完后，我们对该企业的相关人员进行了调研，结果发现该企业没有正规的人力资源部门，财务人员和行政人员代行人力资源部门的职能，企业鲜有组织培训活动。很显然，老板这次是受迫于经营压力才找到我们，希望通过培训扭转乾坤。

还曾有一家酒企内部商学院的负责人多次找我们，希望我们能帮助他们，把培训工作落实。这家酒企的商学院虽已成立多年，但运营基本上处于停滞状态，只是偶尔组织一些内部技能培训，具体的业务培训都是由销售公司自行组织。商学院的负责人几经更迭，这位负责人是新来的，他希望通过引进第三方做培训的方式让商学院真正运营起来，重塑培训价值。可惜的是，他与我联系多次均无果，原因是商学院找第三方做培训必须经过企业总经理同意，还要上会讨论，但总经理太忙，几次约见都因有事爽了约。这一耽搁，就是两年多。

这两件事呈现出来的问题其实是一样的，那就是很多企业对培训的价值抱有很高的期待，但又并未真正对培训给予重视并匹配足够的资源。问题背后的原因有三个：一是培训在企业中的地位低。培训往往不是“一把手”负责的，“一把手”不愿意为此付出时间和精力。二是没有组织上的保障。很多企业的培训要么由人力资源部来做，要么由行政部代劳，没有专门负责培训的部门，即使有，部门的人员配置也无法支撑企业的培训需求。三是没有资金投入。企业做预算时没有给培训分配份额，导致培训支出捉襟见肘，想请的老师请不到，想开展的培训开展不成。

（二）培训内容与学员需求不匹配

有一家企业的负责人特别爱学习，他读过 MBA（工商管理硕士），平时的读书量也很大。他把每周二定为企业的学习日，我们有一次出差到该企业恰逢周二，受邀旁听了一堂学习课。课堂上，十几位中层管理者依次上台分享自己最近一周的学习心得，每个中层管理者分享的内容都不相同，可谓五花八门。课后我们了解到，这样的分享式学习已经开展了半年。这位企业负责人有时间也会参与分享，主要是分享自己最近的读书心得。我随机访谈了几位参与学习的中层管理者，问他们这样子学习收获几何，大多数人都说其实没有什么收获，而且为了能够有东西可分享，每周都要绞尽脑汁找东西看，有种疲于应对的感觉。我问他们为什么不提建议改变一下学习方式，他们回答说因为这是领导发起的，所以就没人敢提建议，怕被贴上“不爱学习”的标签，而且也确实没有什么好的建议。显然，这种学习根本就没有质量可言。

很多企业的领导者犯的错误跟这位企业负责人一样，在安排培训时没有考虑到培训内容要能解决员工在实际工作中遇到的问题，造成培训内容与实际工作严重脱节。

我们服务一家企业的初期，该企业负责对接培训事项的同事在发布培训通知时表达了她的担忧，说怕业务团队不配合，因为她之前组织的培训都是靠公司下行政命令硬压才能进行下去，业务团队总是认为培训挤占了他们做业务的时间，是瞎折腾。我告诉她，这次绝对不会出现类似的情况了，因为这次培训的内容是我们在开展市场调研后，根据业务团队迫切需要解决的问题量身定制的课程，能实实在在地帮他们解决问题，他们会配合的。不出我所料，培训通知下发后，各片区争相报名，而且还试图争取更多的名额。细究该企业之前组织的培训为何没人愿意参加，根源在于之前的培训内容都是由人力资源部从市场上采买的课程，如“如何应对危机公关”“大数据的发展趋势”等，业务团队在现实中根本用不上，自然没有兴趣参加。

陈春花老师说：“企业学习需要带着问题去学。如果只是学习而没有把问题作为基本的出发点，那么这样的学习不是真正的企业学习……如果不能够解决问题，学习便是无效的，所以必须带着问题去学。”如果不能带着问题学，学了以后不能解决实际问题，那么企业做培训就容易面临“费力不讨好”的尴尬局面。

用友大学前校长田俊国先生说：“培训的目标应该是表现性目标，培训后学员应该有什么样的表现，是培训应该思考的问题。”企业学习与其他组织学习最大的不同就是学习要能帮助学员提升能力和改变行为，并由此取得更高的业绩，绩效得到提升。

很多企业认同培训是有用的，但负责培训的人员往往对企业的业务不够了解，对企业的管理和经营一知半解，对有效学习的认知有限，很难安排出真正能转化成员工实际能力的培训内容，员工们觉得培训没有什么意义，自然不愿意参加。

华为大学针对业务部门的培训是收费的，为何员工愿意掏钱呢？因为华为大学有最贴合业务需求的培训，你不来学，工作效率就低，工作效率低了就竞争不过别人。此外华为大学还会把三分之一的优秀学员推荐给片联，片联把这些优秀学员送上“前线”，所向披靡，大赞“华为大学出来的人好用”，于是华为大学的口碑就出来了。这是非常值得其他企业借鉴的做法。

（三）培训计划与业务计划不匹配

企业的培训计划与业务计划不匹配是普遍存在的现象。

我们在调研中发现，业务团队不配合公司的培训主要有两个原因：第一个原因前面说过，就是培训内容与他们的需求脱钩。第二个原因是培训时间与他们做业务的时间有冲突——他们正在市场热火朝天地战斗，却突然接到通知说让他们回公司“充电”，他们会愿意才怪。别说一线业务员不干，片区负责人也不干。

培训不是一次、两次的断层式学习，而是从学习到实践再到学习的循环式学习，因此，培训一定要有节奏，而且要能与业务节奏“合鸣”，如此方能支撑企业的业务发展。

（四）管理者与员工的认知水平不一致

有一次与某企业的一个高管聊天，他困惑于为什么他上了那么多课，却依然教育不好自己的员工，管不好自己的企业。我和他开玩笑说，他的痛苦正是源自他学得太多了，并且告诉他，继续这样学下去的话会更痛苦。为什么呢？因为企业是团队作战的，要想赢得胜利，首先得所有人都有一致的认知，管理者拼命学而员工不学习或跟不上，双方的认知水平越拉越大，上级的命令下级听不懂，怎么能打胜仗？

管理者与员工认知水平不一致的情况在中小型企业中出现得最多。中小型企业一般都靠老板一人掌舵，为了把企业经营好，老板很舍得花钱去学习，学费动辄几十万元，期待学习后能改造员工、改造企业，但最终结果却总是事与愿违。

我曾见过某位商贸公司的老板，他在社群营销火爆之时跑去学社群营销，在社交电商火爆之时又跑去学直播带货，屡次想带领公司转型，结果每次都因员工“不上进”而作罢。我问他：“转型的工作是你亲自干还是员工干?”他说是员工干。我说：“既然是员工干，那你就要带着员工一起学。公司要转型，意味着员工要具备新的能力，员工没学会新的能力，即使他们想干，也不知道怎么干啊!”

我们可以借鉴一下华为大学的做法。华为大学的干部培训班没有老师上课，学员都是自主学习，而且是在“吵架”中学习：干部培训班采用案例式教学，教材是华为高层领导和管理专家主导编写的人力资源、财经、业务三大领域的管理纲要，学员们通过理论自学、小组研讨、案例演讲、讨论、专题交流、大辩论、高层领导引导交流、论文答辩等多种形式，使思想激烈碰撞，相互启发。

管理者在提升自己的同时，也要给员工提供学习和提升自我的机会，否则，员工不具备与管理者要求相匹配的能力，自然难以跟上管理者的步伐。

二、企业培训应围绕经营开展

用友大学前校长田俊国有一本书叫《上接战略，下接绩效：培训就该这样搞》，书名直接点题，即培训应以提升业绩和推动组织可持续发展为目的，成为战略落地的有效抓手。

（一）培训计划匹配业务计划

业务计划是战略规划的具体落实办法。培训的目的是提升员工能力，找到解决问题的有效方法，快速复制优秀经验，形成浓厚的作战氛围，使业务计划得以落地。企业的培训计划要有针对性，即从业务策略出发，解读执行中需要的核心能力、方法和动作，定下业务节奏。培训计划应是“事前诸葛”而不是“事后诸葛”，应由培训部门和业务部门一起讨论制订，这样的培训计划才能得到业务部门的支持，也才对业务部门有价值。

（二）重技能，提升团队作战能力

一个人的能力可分为态度、技能、知识三方面，培训应该先提升哪个方面的能力？

很多企业的高管找到我时，都说想先改变员工的态度，但我告诉他们，应该先提升员工的技能。员工的技能提升了，工作得心应手，能取得更好的业绩，他们就会充满信心，态度自然就会变好了。当管理者给绩效不佳的员工贴上“态度不行”的标签时，我都会提醒管理者，要先评估员工的技能行不行。技能不行导致绩效不佳，很多时候看起来像是态度的问题。

任正非先生说：“培训要从实战出发，学以致用，急用先学。培训士兵就要教炸药包怎么捆，怎么拉导火索，不用讲怎么当元帅。学习不要读书破万卷，读书破万卷反而懂得不深不透。”这就是典型的以技能为核心的培训思想。

因此，培训的首要目的是提升个人做事的能力、团队做事的能力。

（三）有干劲，塑造作战精神

任何一个能打胜仗的团队都具备两个特点：一是有作战方法；二是有作战精神。管理学上的表述是“既要有实现目标的路径，也要有实现目标的氛围”。

团队的作战精神一定是来源于企业文化的。华为的企业文化强调奋斗，倡导“艰苦奋斗”的作战精神；海底捞的企业文化强调服务，倡导“极致服务”的作战精神；汾酒的企业文化强调忠诚，倡导“奉献”的作战精神。这些企业都做到了企业文化和作战精神一脉相承，所以当走进这些企业时，能明显感受到它们特有的精神风貌。

很多企业喜欢邀请名家大腕来讲革命、讲服务、讲体验，但企业自身没有相应的文化基因，没有落实的土壤，宣扬的精神并不能在企业里生根发芽。想要拥有什么样的作战精神，首先得有让精神种子生长的土壤。

企业在开展塑造作战精神的培训时，不能单纯地灌输观念，否则学员容易理解为是企业在给大家“洗脑”，产生反感，一定要用场景、问题、案例或游戏来达到教学目的。这种类型的培训，“怎么教”要比“教什么”重要。

我们给一位客户做过一期关于团队作战精神的培训，主题是“奋斗为本”。培训一开始我们就在课堂上抛出一个问题让学员展开深度讨论：“在这个丰衣足食的年代，我们为什么不能选择躺平，而要选择奋斗？”一番激烈的讨论过后，每个人都找到了奋斗的理由——有人是为实现更好的生活奋斗，有人是为实现人生价值奋斗，有人是为企业目标奋斗。我作为讲师，没有讲“高大上”的理论，只对大家讨论得出的结果进行了总结概括：“奋斗的理由有千千万万个，最终大家要的都是奋斗所得到的美好结果。”培训课堂上，企业的负责人也没有讲太多理论，只是点出团队中一些颇具奋斗精神的员工，讲了他们的事例，让大家明白怎样将虚的精神落实到实实在在的行动中。

（四）培育应对未来的能力

美国学习型组织研究大师雷格·瑞文斯指出，一个组织要想生存下来，其学习的速度必须大于或者等于环境变化的速度。换句话说，如果能力提升的速度跟不上时代的变化，组织就会走向衰亡。

在瞬息万变的环境面前，企业要想生存就必须持续创新、快速变革，而企业有能力对市场需求做出快速反应将成为一种硬性要求。这种能力怎样拥有呢？答案是要让企业各团队的成员具备快速就目标形成共识、快速将行动落实的能力。换言之，是要让企业各团队的成员具备应对未来的能力。

那又该如何才能做到呢？一个有效的路径是使用标杆学习法，即向标杆企业学习。正所谓“太阳底下没有新鲜事”，我们认为“新”的东西，其他企业可能早就实践过了，因此我们要有开放的心态，有向外学习的意识。

华为曾用了10年的时间向IBM学习，终成为当今行业内处于全球领先地位的企业；名创优品向日本的零售企业学习，孩子王向美国的零售企业学习，也都获得了长足发展。

汾酒商学院在做培训时非常注重培养员工应对未来的能力。该商学院开设了管理班、营销班、文化班等一系列培训专班，主要挑选那些处在基层岗位的年轻人来进行培训，用一年至一年半的时间，让他们成为认知上有高度、思维上有结构、能力上更综合的复合型人才，给企业的市场岗和管理岗输送了大量优秀人才，成就了山西汾酒的快速发展。

三、构建企业专属培训体系

研究那些优秀的企业大学或企业商学院的案例后我们发现，这些企业培训机构所构建的培训体系都具有极强的企业基因。

被称为“全球第一 CEO”的杰克·韦尔奇上任后，将 GE（美国通用电气公司）的战略调整为“数一数二”，即不管进入任何一个领域都要做到在全球数一数二。为此，韦尔奇上任后重整 GE 的克劳顿维尔管理培训中心，为“数一数二”战略的实现培养大量领导者，并让克劳顿维尔管理培训中心成为解决问题和孵化创新的工厂。之后的 20 年里，克劳顿维尔管理培训中心举办了 280 次针对不同层级管理者的领导力培训，韦尔奇每次都前去授课，学员们都把在克劳顿维尔管理培训中心上过课视为极高的荣誉。

海尔大学的价值定位随着海尔的不同发展阶段和战略调整而变化。在海尔确定了“人人都是创业者、创新者”的新战略后，海尔大学将自身定位调整为“海尔人的学习平台和创客加速平台”，助力每位员工成为“自己的CEO”。每位学员带着创新的动机或现有的创新成果进入海尔大学，在那里通过互相学习来寻找事物发展的普遍规律并总结成创新模块，然后再回到实践中，用创新模块进行更高水平的创新，由此进入一个螺旋上升的通道。

构建企业专属的培训体系才能输出企业专属的价值，培训才有意义。

（一）目标专属

培训要为企业的战略目标和日常运营服务，每次培训都要目的明确，针对具体的问题来开展。

企业开展培训通常出于三种需求：

第一种是提升执行能力（能力驱动需求）。一些企业的战略及其落地方法都比较清晰，所有人只要把战略落地方法执行到位即可。这种情况下，培训课件的开发要紧贴公司的战略，以有效动作标准化为导向。

第二种是找到战略方向或战略实现路径（问题驱动需求）。一些企业需要对原来的战略进行调整或有新业务需要落地，这时候就需要通过培训来使学员就战略或新业务的落地方法形成共识。这种情况下，培训课件的开发要以讲解标杆企业案例为主，引导学员找到商业本质。我们曾服务一家业务模式正由传统零售向新零售转型的企业，针对该企业的业务发展需要，我们开办了“新零售集训营”，大量、系统地讲解新零售标杆案例，让学员们充分讨论，找到适合企业自身的新零售业务发展之路。

第三种是完善战略和企业文化（战略驱动需求）。当企业有这种需求时，培训课程应有企业核心高管的参与，让学员在企业战略上达成共识、形成新的行为习惯、共同致力于建立企业文化则是培训的目的。

很多企业的培训机构特别喜欢先研发课程体系，从我的实践经验来看，这种做法并不实用。如今的社会环境和商业环境变化的速度太快，企业也在不断发展，只有那些紧贴业务实际、带着明确目的去开发且根据企业发展需要不断迭代升级的课程才真正能被转化为生产力，课程价值才能得到学员的认可。

（二）人群专属

企业里不同的部门和岗位需要的专业能力不同、面对的问题不同，不同职级的人职责不同、关注点不同、胜任力要求不同，因此，对不同的人群要有不同的培训方案。

很多企业的培训机构为了省事，所有培训课程都由同一名讲师讲授，一个课件“通吃”所有学员，互联网经济火热时大家一起学互联网经济，粉丝经济火热时大家一起学粉丝经济，结果多半是课上热闹，课下没动静。很多企业搞培训总是秉持着“多学点没什么坏处”的观念，对此我并不认同。企业培训要能解决问题才有价值。

（三）内容专属

要针对不同类型的学员使用不同的课程内容，讲求实效。

某企业的培训机构花钱找来培训老师，打算给业务团队进行一次系统培训。培训内容共有 10 个知识点，第一个知识点是宏观经济形势。按理说，这个知识点是有价值的，但业务员一听，心想：“宏观经济形势？这玩意能帮我签单吗？能帮我回款吗？恐怕不能吧？既然不能，我学这玩意有啥用？我先眯一会儿再说。”一觉醒来，讲师已经讲到第三个知识点了，又是比较宏观的理论，看起来还是没啥用，他继续睡。可能第二个知识点对他很有用，但他却错过了。就这样，如果 10 个知识点里有 2 个知识点与他自身需求关联不强，那么即使其他 8 个知识点对他很有价值，这堂培训课也很可能被他评价为“没价值，没效果”。

（四）讲师专属

凡是培训做得好的企业，都有一套成熟的讲师体系，既引入外部的师资，也有强大的内训师队伍。汾酒商学院能承载起年均 15000 人次的培训量，正是得益于山西汾酒搭建了强大的讲师体系，建立了庞大的兼职内训师队伍。

关于企业培训，任正非有两句名言：“让会开航母的人教怎么开航母。”“让优秀的人教出更优秀的人。”与外部的师资相比，企业的内训师更了解企业的情况，在技能上有实践探索，在某些领域能够更好地实现技能传承，帮助企业积累知识资产。

企业的核心高管和一些优秀中层管理者、普通员工也应该承担起讲师的职责，在宣扬企业文化、传播管理理念和教授业务方法上有所贡献。

我们服务的一家企业每次培训时，讲师队伍都是“内外搭配”，企业的高管、中层管理者、业务标兵都会成为讲师队伍中的一员。

构建企业自有的讲师队伍，挖出那些闪闪发光的“金子”，让他们带出更多优秀的人，这是企业培训走向务实的重要保障。

划重点： 企业培训没效果的背后隐藏着四大问题，解决问题的办法就是建立企业专属培训体系，让培训与经营紧密连接。

第7章

山西汾酒的全员有效学习：支撑山西汾酒高品质发展

边读边想：

您的企业当前所处的发展阶段与山西汾酒当前所处的发展阶段相似吗？在企业培训上有什么异同呢？

一、构建专属培训体系，培训玩真的

（一）以“中国酒魂信仰体系”为战略落地抓手

（二）年均培训 15000 多人，为汾酒集团复兴批量供给人才

二、搭建立体培训体系，满足大型组织的学习需要

三、汾酒营销实践课：实现学员、经销商、市场三赢

（一）以市场为课堂，在市场中强认知、练本领

（二）营销实践课动作全流程分解

（三）给全体员工接触市场和顾客的机会，培养营销能力

（四）打开组织边界，向企业价值链成员赋能

（五）创新教学模式，让学习更有效果

一、构建专属培训体系，培训玩真的

（一）以“中国酒魂信仰体系”为战略落地抓手

白酒行业自2016年起恢复增长势头，而山西汾酒更是创下令人惊叹的“汾酒速度”——2016年的营收为44.05亿元，2022年的营收跃升至262.14亿元。山西汾酒的强势发展不但体现在营收数据上，还体现在企业迸发出的活力上。

山西汾酒业绩的爆发式增长是企业综合能力提升带来的，包括汾酒品牌被激活，形成巨大影响力，以及凭过硬的产品品质在消费升级时代赢得消费者的信赖。

“企业的成功 = 战略 × 组织能力”，战略保障企业朝正确的方向发展，组织能力保障战略落地。山西汾酒高速增长的过程也是该企业不断转型和夯实组织能力的过程，透过山西汾酒商学体系搭建的视角，可以看到山西汾酒是如何通过培训让“中国酒魂信仰体系”产生激励效应，如何通过构建品牌专属培训体系来实现组织的有效学习，为企业发展供给大量人才，打通战略的落地通道的。

（二）年均培训15000多人，为山西汾酒复兴批量供给人才

2016年7月，汾酒商学院挂牌成立（因应国家政策要求，汾酒商学院于2020年摘牌，其职能由职工教育培训部承担）。此后数年里，汾酒商学院先后设立了管理与营销学院、酿造学院、文化

学院等分支，满足汾酒集团全员的专业能力提升需求。汾酒商学院开发了“汾酒营销实践课”“汾酒品酒师班”“汾酒文化大讲堂”“清香飘万里——汾酒竹叶青全国重点市场百场巡讲”等特色精品课程，满足业务人员的个性化学习需要。截至2022年，汾酒商学院共开展培训超过10000次，年均培训人数超过15000人。汾酒商学院通过1.5年制、1年制的长期班培养具备系统思维能力的青年管理干部，通过各类型短训班增强管理人员在团队管理、营销认知、营销技能、汾酒文化、产品认知等方面的专业素养，为汾酒集团的高品质发展持续、批量地输送人才。

在新的市场环境下，传统酒企需要转型升级已是行业共识，但很多酒企在转型升级的过程中仅关注企业经营战略的转型和升级，很少关注企业内部组织的转型和升级，导致企业在转型过程中缺少组织能力的支撑，最终转型失败。汾酒商学院作为山西汾酒践行组织有效学习的抓手，推动了汾酒文化的传播和集团战略的落地，为个人和组织成长赋能，让组织和个人拥有时代需要的新能力。

二、搭建立体培训体系，满足大型组织的学习需要

汾酒商学院从设立起就致力于实现企业全员共同成长和能力同步提升。汾酒商学院下设四个分院，分别是覆盖管理岗和营销岗的管理与营销学院、覆盖生产岗的酿造学院、全员都可参与的文化学院及培养女性员工的女子学院，每个分院都根据员工和市

场的需要开发了一系列精品特色课程。

汾酒商学院运营大事记：

·2016 年 5 月，汾酒商学院项目启动，我们作为第三方服务公司，对汾酒集团的人员能力现状、能力提升方向和培训需求展开调研。

·2016 年 6 月，汾酒商学院运营方案提报至山西杏花村汾酒厂股份有限公司（简称“山西汾酒”），方案内容包括汾酒商学院的使命、定位、价值、教学主张、学习体系设置、运营保障等要素。

·2016 年 7 月，汾酒商学院在杏花村挂牌成立，包括行业内知名专家、汾酒优秀经销商代表、汾酒集团员工代表、媒体人士等在内的 500 余人出席了挂牌仪式。

·2016 年 8 ~ 11 月，管理与营销学院开始做招生、笔试、面试、师资匹配等的筹备工作，并与清华大学继续教育学院签约，清华大学继续教育学院将提供部分师资协助管理与营销学院完成授课。

·2016 年 12 月，管理与营销学院第一届管理班、营销班两个 1.5 年制班开班，经过严格的笔试、面试，110 名学员从 400 名报名者中脱颖而出，获得受训资格。两个班的学员中，除了有山西汾酒的员工，还有汾酒经销商的员工。此后数年里，管理班和营销班为山西汾酒培养了几百位年轻人才，目前山西汾酒中无论是业务团队中的年轻骨干还是职能团队中的年轻干部，几乎都在这两个班系统学习过。

·2017 年 6 ~ 7 月，酿造学院成立并与江南大学开展合作，江南大学提供部分师资，承担部分教学任务。

·2017 年 8 月，酿造学院第一届酿造班开课，学制为 1 年制。

·2017 年 5 ~8 月，行动学习项目“营销实践课”落地，此项目成为汾酒商学院的第一个特色精品课程。此后数年里，“营销实践课”在全国多地开办，得到学员、市场、经销商的一致好评，并多次获得培训领域的奖项。

·2017 年 12 月，品酒师班开班，学员主要由经销商负责人、经销商员工、核心终端商、核心消费者构成，这些学员成了传播汾酒文化和产品知识的核心通道。此后数年，品酒师班先后培训了近 3000 人。

·2018 年 7 月，第一届管理班和营销班学员的毕业答辩在清华大学举行，通过答辩的学员同时获得汾酒商学院和清华大学继续教育学院颁发的毕业证书。

·2018 年 9 月，汾酒文化学院挂牌并迎来首批学员。汾酒文化学院与北京大学继续教育学院合作，由北京大学继续教育学院提供部分师资。

·2019 年 3 月，汾酒女子学院设立并与南京师范大学金陵女子学院合作，由后者提供包括心理建设、性别意识、形象管理、职业技能、人文素养等教学内容在内的 14 门课程，以提升女员工的综合素质，使她们适应新时代、新形势的要求。

·2019 年 12 月，汾酒商学院郑州分院挂牌，首期“酒商精英总裁班”开班，学制为 1 年制。开设“酒商精英总裁班”的目的是提升酒商的系统经营能力。

·2022年，“清香飘万里——汾酒竹叶青全国重点市场百场巡讲”项目在陕西延安启动，山西汾酒计划在“十四五”期间，在全国开展100场活动，以向市场赋能。

自2016年以来，每年均有大量的学员通过汾酒商学院取得清华大学继续教育学院、北京大学继续教育学院、江南大学、南京师范大学金陵女子学院的毕业证，汾酒商学院的各类精品课程也让学员在市场上、课堂上、游学中、实操中学得诸多真本领。

汾酒商学院的部分培训在教学模式上采用了长江商学院和中欧商学院的教学模式，每个月至少要抽出两天时间来就一个模块内容进行系统学习。学员都是经过报名、笔试、面试筛选后才获得的入学资格，需通过学分考核和毕业论文答辩方可取得毕业证书。山西汾酒并非负担学员的全部学习费用，而是要求学员自己负担一部分，以此来约束学员的行为及考察他们学习的主动性。这种教学模式的好处在于综合、系统地培育和提升了学员的能力，使他们能用系统思维去行事，而具备系统思维正是在竞争升维的年代能打胜仗的核心要素。

三、汾酒营销实践课：实现学员、经销商、市场三赢

（一）以市场为课堂，在市场中强认知、练本领

2017年，我们与汾酒职工教育培训部的负责人开始共同策划短训精品课，以聚焦教学目标、扩大培训人群、提升从知识到能力的转化效率为教学目的。

为了推动市场化改革和转型，山西汾酒在2016年提出了“全员营销”的理念，希望全体员工在认知上都能由管控思维向赋能思维转变，在行动上都能以市场效率为首要考虑因素，全员为业务提供服务，以此来激发组织活力，提升市场反应能力。但很多员工特别是职能岗的员工并不理解“全员营销”与自己的工作有什么关联，也并不知道市场的真实状态，尤其是不知道消费端对效率的要求是什么，对企业服务的要求又是什么。

同时，2016年的山西汾酒进入了发展快车道，正在加速布局省外市场，而公司内部有一些优秀的业务员在市场上探索出了成功经验，如何将这些经验快速复制给团队是当时急需解决的一个问题。

为了帮助山西汾酒实现“全员营销”，员工们都能用实际行动支持业务、支持市场，也为了快速复制业务上的成功经验，我们与山西汾酒的教培团队共同开发了营销实践课。

一般的实战型教学大多是在课堂上模拟真实的业务场景，我们的营销实践课则反其道而行之，直接以市场为课堂，让学员们到市场上通过真行动来学习。我们将学员分成5～6个小组，每个小组8～10人，让他们到市场上去开展营销活动，卖真实的产品，投入真实的费用，以销量和利润为主要考核指标，各小组进行比赛。职能岗的学员也能通过这种“以战代训”的课堂掌握铺市、路演、推广、品鉴等一系列营销业务动作。

学习营销必须要实践，只有去到市场前线才能真正领悟营销工作的真谛。将学员置于真实的市场，让他们用双脚去丈量跑终端的路途，与真实的顾客打交道，在真实场景中加以引导，他们才能真正理解什么是市场的响应速度，顾客的真实需求是什么，怎样才能利用集体的智慧。

营销实践课的学员能力模型如图 7-1 所示。

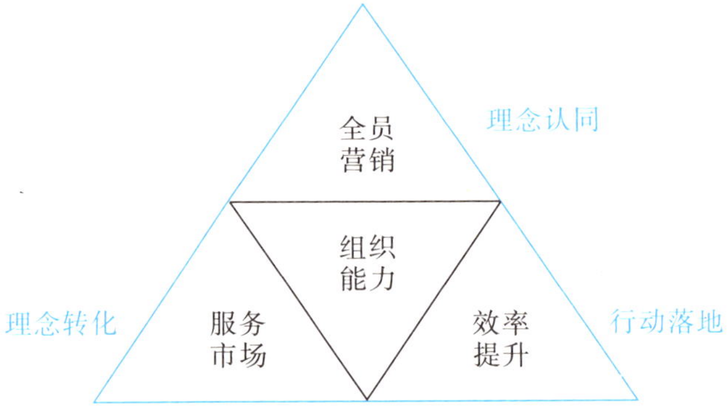

图 7-1　营销实践课的学员能力模型

（二）营销实践课动作全流程分解

营销实践课的教学过程分前期筹备、中期授课、后期实践、课后总结四个环节，各环节包含的具体动作见图 7-2。

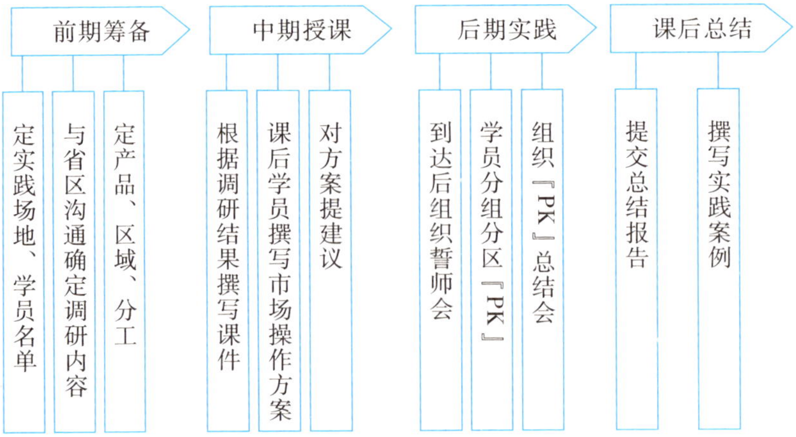

图 7-2　营销实践课动作全流程分解

1. **去最好的市场学经验，去最难的市场接受考验**

选择什么样的市场作为实践场地呢？我们采取的做法是根据学员的构成情况来为之匹配合适的市场。

如果学员主要是营销人员，那么我们通常会选择那些目前已经做得比较好的市场作为实践场地，让学员们去学习优秀经验。

如果学员主要是职能部门人员或干部，那么我们通常会选择新开的市场或汾酒的市场占有率比较低的市场作为实践场地。在这两类市场开展营销业务的难度较大，能够让职能部门人员、干部充分体会营销业务的难度，感受到营销人员的不容易，在认知上受到震撼，继而意识到在往后的工作中要以市场为导向去为业务赋能，提升工作效率和服务能力。

实践场地确定后，我们与汾酒教培团队成员会先行前往，与当地的片区负责人和经销商团队进行深度沟通，对市场进行调研摸底，了解汾酒在当地的市场状态、主销产品和政策条件等，然后基于调研结果和片区、经销商的需求来确定课程的具体目标和动作要求。

2. **课堂上先讲清动作逻辑**

学员下市场实践前，我们会先进行理论授课，主要讲授“市场营销的有效动作”和“如何成为制胜团队”两门课程。前者主要深度讲解市场营销的系统框架、如何进行市场调研、如何铺市、如何推广、如何解读政策、新环境下营销的变化与创新等；后者主要讲解如何理解团队和制胜团队的内涵、如何分解目标、如何有效地进行沟通协同、如何提升个人执行力等。

上过理论课后，即使是非营销岗的学员也能对营销、市场有较为深刻的了解，将来去到市场后能以最快的速度落实动作。

3. 先“纸上谈兵”练一练

理论课结束后，学员需根据项目组提供的调研信息和在理论课上所学到的营销逻辑，以小组为单位撰写实践地市场操作方案。在这个过程中，他们可以随时与实践地的片区负责人和经销商负责人联系，获取更多自己想要的市场信息。

市场操作方案需要在规定的时间内撰写完成，然后交给由咨询顾问组成的专家组进行评审。秉着鼓励成长的思维，专家组通常只对市场操作方案中违背市场操作原则的地方进行干预，提醒学员完善一些执行细节，不会干涉学员们天马行空的想法和创意，允许学员们犯错。在将来的实践过程中，学员们还要根据遇到的现实情况不断对市场操作方案进行调整优化，让方案更具可操作性。

学员们要先写市场操作方案再实践，这与企业先做计划再执行是一样的——计划不能保证百分之百正确，但必须得有，因为计划是执行的依据。

4. 到市场去实践，展开“PK”

学员到达实践地后，要先参加一场誓师会。会上，指导老师会再次强调实践的目标和动作要求，深化大家的认知；片区负责人和经销商负责人会就具体的订单流程、财务流程、车辆使用办法等向学员交代清楚；每个小组要派出一位代表发表实践宣言。节奏紧凑又颇具仪式感的誓师会能让学员们迅速进入状态。

誓师会后，各小组即着手开展市场调研工作。开展市场调研工作的目的有两个：一是根据市场实际情况衡量之前所撰写的市场操作方案的有效性，看是否需要做出调整。二是切实了解真实的市场状态，为后面的“PK”做好充分准备。

调研结束后，各小组就开始“PK”：在不乱价和窜货的前提下，各小组各显神通，把之前在课堂上学习到的营销知识和管理知识应用于营销实战，实施制定的市场操作方案。为期三天的实践结束后，各小组对自己取得的成果进行总结，包括销售业绩、市场分析、市场操作的有效动作、团队协作的有效动作、团队成长心得等，企业高管、经销商高管和咨询顾问组成的专家评委团对各小组取得的成果进行评比打分，给出“PK”的结果。

学员们每天要在市场上跑十几个小时，早晨开会，晚上做总结，平均每天只能睡四五个小时。节奏快、强度大、工作难度大、组与组之间竞争激烈是营销实践课学员们的深刻体会。他们只有三天的时间，要想在这短短的时间内，在一个完全陌生的市场里折腾出点成绩来，不辛苦付出是做不到的。正是这样的高压激发了学员们的潜能，让他们爆发出惊人的力量。

在贵阳的营销实践课上，有一个小组第一天成绩落后，第二天小组成员们奋起直追。其中一位学员年龄超过了 40 岁，而且患有腰间盘突出，但他为了完成当日的销售目标，硬是在市场上跑了十几个小时，累了就席地而坐休息一下。他说这次实践让他真心体会到了跑市场的业务员有多么不容易。在盐城的营销实践课上，有一位来自团委的女学员上火导致嗓子无法发声，但是她依然坚持每天跑市场，参加晨会、晚会，展现出令人敬佩的奋斗精神。这样的例子不胜枚举，他们不仅带动了同组的学员，还带动了实践地的经销商团队，给了合作伙伴们信心。

在营销方法上，学员们的创意层出不穷：在大同的营销实践课上，学员们到市里最繁华的商业步行街举办“买酒砸金蛋”活动，引来消费者持续围观，负责讲解活动的学员也持续讲了十几个小时，最后累瘫在地。同样是在大同的营销实践课上，学员们利用云冈石窟的风景做了一场直播活动，吸引了众多外地消费者围观，在更广的地域范围内传播了汾酒文化和产品知识。在温州的营销实践课上，学员们赞助了当地的龙舟赛活动和晨跑团活动。在长治的营销实践课上，学员们在当地的汾酒专卖店开直播，手把手教会了该专卖店的人员如何直播卖货。

学员们在营销实践课上取得的成绩也可谓“硕果累累”：2017年9月，在济宁的营销实践课上，学员们在三天时间内实现三倍于平时的销量，这个结果让济宁本地经销商看到了济宁市场的巨大潜力及团队作战的威力，积极性被调动起来。2018年，济宁本地经销商主动要求承担数倍于2017年年销售额的业绩任务，如今该经销商已经成为年销售额过亿元的大商。在上海的营销实践课上，学员们通过三天的努力，实现了在空白市场新开终端逾百家的业绩，震撼了当地的经销商。2022年，在长治的营销实践课上，学员们在三天内实现了121万元的销售额，创下了营销实践课开设以来的最佳成绩。

职能岗的学员们都说，营销实践课让他们对营销业务有了新的认知。一位来自生产一线的学员说，没参加营销实践课之前，他觉得生产线上的工作既辛苦又枯燥，参加了营销实践课之后，才知道跑业务的每天风吹日晒，更加不容易，以后一定要加倍珍惜自己的工作，把好生产品质关，为市场输送好产品。说到动情处，这位“95后”的小伙子眼里竟闪出了泪花。一位来自行政岗的女学员说，她老公是销售岗的，以前她认为老公每天的工作就是吃吃喝喝，自己跑了市场后，才明白老公有多不容易。一位来自营销业务一线的学员说，参加营销实践课让他看到了更优秀的伙伴、更优秀的市场、更优秀的方法，他的思路被打开了，如今的他已经成长为一名省区经理，在当地市场做得风生水起。

5. **全程场景式跟踪辅导，实现能力当下升级**

营销实践课的主角是学员而非老师，老师担任的是教练的角色。学员们在营销实践课上相互探讨，共同撰写方案，然后分工实践，实践中逐步掌握技能、方法，拓展思路，这是一种群策群力的学习方式。

企业学习通常要达到两个目的，即提升技能和端正态度，而营销实践课兼顾了两者——既要让学员们从实践中学到市场操作、目标管理、团队协作的技能，又要让学员们深刻理解“全员营销”的理念，实现认知升级。

认知升级是与态度紧密相关的，如果学员没有端正态度，没有深刻地反思并重构认知体系，那么是难以实现认知升级的。因此，在教学过程中，老师要做到全程跟踪、有针对性地辅导，引导学员自己找到方法和答案：在理论教学阶段，可设置大量的讨论和互动环节，让学员们讨论营销实践课的意义、什么是好的团队、什么是好的沟通等；在实践“PK”阶段，要全程跟踪，发现学员的做法有误时及时指正；要定时召开晨会以明晰目标，定时召开晚会以复盘总结；要营造良好的学习氛围，让学员们的学习进入边干边学、边学边干的良性循环。

在营销实践课上，我们和山西汾酒的教培人员共同组成现场管理团队，对现场进行强管理，采取了“导师组全程跟踪辅导”“观察员全程跟拍，动态反馈”“监督员全程监测”“小组长召开晨晚会”等具体的管理措施。观察员全程跟拍的目的是记录学员们的真实表现，为导师组开展辅导和评价各小组的表现提供客观依据。监督员的职能是监察学员是否出现破坏价格体系、窜货等违规行为，维护市场秩序。小组长每天召开晨会和晚会的目的是了解小组的行动情况，对指标和动作进行动态调整。这一系列的管理措施让营销实践课取得了令人满意的培训效果。

（三）给全体员工接触市场和顾客的机会，培养营销能力

“全员营销”就是要让全体员工都能面向市场和顾客开展营销工作。让企业具备全员营销的能力是众多传统企业转型的重要方向和重获竞争力的核心手段。传统企业中，非营销岗的员工极少与市场和顾客接触，这就造成了一个问题：企业越大，越多员工不了解市场和顾客，职能部门和营销部门的协同效率越低。

想让非营销岗的员工了解市场和顾客，最好的办法莫过于给他们一个与市场亲密接触的机会了。

山西汾酒的做法是让管理岗的员工、生产岗的员工等都参加营销实践课，去体验销售业务，去理解合作伙伴，去了解消费者的真实需求。营销实践课让生产岗的员工切实感受到了终端商对价格极度敏感、消费者对性价比有极高的要求，从而明白了在生产中节约的每一分钱、每一个让效率提升的动作，都能转化为企业的利润。学员小丁是一名销售后勤人员，他在营销实践课的总结中说，他之前自以为很了解业务员和经销商，但上了营销实践课后才发现自己对他们的了解远远不够，未来自己一定会做好后勤工作，为战斗在一线的业务员提供支持，让他们安心地开拓市场、服务市场。

没有开设营销实践课之前，“全员营销”在很多山西汾酒员工的心里都只是一个概念，他们并不知道如何把这一概念转化成具体的实际行动，如今他们都通过营销实践课明白了参与全员营销的路径，那就是在本岗位上努力工作，提升个人的工作效率和部门的协同效率，让公司的产品和服务能够满足市场和顾客的需求。

（四）打开组织边界，向企业价值链成员赋能

陈春花老师在一次活动中讲道：“要把组织看成一个整体，而不是单一个体。未来最高的组织效率来源于外部，来源于效率更高的协同、更快的信息交换。”

营销实践课除了有教学功能，还有为市场赋能的功能，因为营销实践课也帮助来自经销商的学员固化客情、完善网络、梳理营销策略，向他们传播了汾酒的文化、产品知识，传递了团队作战精神。

在大同的营销实践课上，一位经销商的业务代表跟我们讲，他以前一直以为自己已经把市场做得很扎实了，但没想到这次竟有学员在实践过程中扫到了空白店，这件事对他的触动特别大，让他看到了市场还有精细化运作的空间。在西宁的营销实践课上，学员们对当地市场做了细致了解和调研，帮助当地经销商强化了加大市场投入力度、抓住市场新机会的决心。

（五）创新教学模式，让学习更有效果

学习体验会影响学习效果。对都是成年人的学员而言，“填鸭式”的知识灌输很难取得好的学习效果，因为这种教学模式无法带动学员深度思考及展开充分讨论，学员们“课上激动，课下不动”，知识终归难转化为能力。

营销实践课在教学模式上做出了创新，用真实的市场来当训练场，把学员当主角，不停地“折腾”学员，让他们在争执中、汗水中、泪水中完成深度思考，重塑能力，提升认知水平。

华为大学和克劳顿维尔管理培训中心都主张在教学中“吵架”，任正非先生也曾说：“我们的干部要带着课题来到华大，与同事们充分碰撞思想，吵上几天架，再带着方案回到实践中去。”

划重点：本章通过汾酒商学院的案例，给大家讲解一个大型企业如何通过构建品牌专属的学习体系来为企业的高速成长批量输送人才，并通过营销实践课的案例来讲解企业学习如何创新。

第 8 章
通过有效学习持续为合作伙伴赋能

边读边想：

（1）企业为合作伙伴赋能有哪些关键点？

（2）本章展示的案例中有哪些值得借鉴的做法？

一、开办品酒师班：让合作伙伴成为顾客的专业用酒顾问

（一）火爆源于有需求

（二）教学内容即学即用，有效实现技能提升

（三）用强大的兼职内训师体系支撑授课品质

二、酒商精英总裁班：帮助经销商构建学习型组织，快速复制成功经验

（一）培训经销商高管，先让高管实现能力跃升

（二）通过案例式教学复制内部成功经验

三、“清香飘万里——汾酒竹叶青全国重点市场百场巡讲”：新阶段下加大赋能力度

一、开办品酒师班：让合作伙伴成为顾客的专业用酒顾问

（一）火爆源于有需求

2017 年，我们与汾酒教培团队共同开展了关于经销商培训需求的调研，调研范围覆盖了浙江、江苏、青海、河南、河北、山东、内蒙古、山西等省区，调研对象包括汾酒经销商核心高管、团队代表、终端老板。调研结果颠覆了我们对经销商培训需求的预设认知——我们以为经销商对培训的第一需求是业务或管理上的需求，但调研结果显示，80% 的经销商、终端老板的第一需求竟然是白酒的专业知识和汾酒的产品知识。

一位河南某商贸公司的高管向调研组反馈，因为缺乏白酒的专业知识和汾酒的产品知识，他们的业务员在开拓市场时经常无法说服终端商进货，也无法告知终端商该如何卖汾酒，搞得品鉴会变成了简单的吃喝会。江苏盐城一位终端老板说，她遇到的最大挑战是很多消费者对白酒的了解比她还专业，这导致她很难给消费者推荐她想卖的产品，谈生意总是处于被动地位，她迫切想学习白酒的专业知识和汾酒的产品知识，让自己变成一位专业的、真正懂酒的生意人，以便在给顾客提供专业服务的同时掌握谈判的主动权。

几乎所有的调研对象都认为，商业竞争越来越激烈，消费者变得越来越专业、理性，要想服务好消费者，让自己及自己的团队变得更专业是不二选择。

厚厚一沓调研问卷告知我们市场需求和合作伙伴们的渴望。2017 年，汾酒商学院联合中国酒业协会筹备开设品酒师班，计划将 80% 的名额向经销商、核心终端、团购客户开放，20% 的名额给山西汾酒各片区。

2017 年 12 月 27 日，首届品酒师班完成招生并开班。截至 2020 年末，品酒师班一共开办了 12 期共 36 班次，报名人数超过 10000 人，实际完成培训人数超过 2000 人，98% 的学员通过考试取得了国家品酒师证书及汾酒品酒师证书。品酒师班得到了广大经销商及山西汾酒营销团队的好评，也成了汾酒商学院最受欢迎的培训班之一。在最火爆的时候，汾酒教培团队不得不租下杏花村周边的汾阳、文水等地的部分酒店，才能满足学员们的食宿需求。

对症下药才有疗效。很多酒企抱怨给合作伙伴做培训不好搞，要么人不来，要么人来了却不用心学，他们可能没有反思过所提供的培训内容是不是合作伙伴们想要的，是不是对症下药了。

（二）教学内容即学即用，有效实现技能提升

品酒师班的教学安排是三天讲课加半天考试，课程内容包括白酒基础知识讲解、品酒实操和酿造工艺实地参观等，考试分理论考试和实操考试两部分。

白酒基础知识讲解，主要是讲解十二种香型白酒的分类及酿造工艺，白兰地、伏特加等国际知名酒种的特色和酿造工艺，汾酒的文化、酿造工艺、产品优势等。品酒实操，主要是组织学员们品鉴不同的酒，感受十二种香型白酒的风味，比对同一香型不同

品牌白酒的优劣，体验汾酒品牌不同产品的口感。拥有对酒的品鉴能力是专业酒水人的必备素质。酿造工艺实地参观，主要是由老师带领学员们深入到汾酒的生产一线，就制曲、酿酒与质检等核心生产环节进行现场教学，让学员们通过亲身体验，对汾酒的品质和安全性产生坚定的信心。

可以说品酒师班是专门为经销商和核心终端定制的，课程内容融入了汾酒文化和山西汾酒的匠心精神，合作伙伴们学习过后，对汾酒品牌、汾酒产品就有了深刻的理解，回去后可以马上把所学知识转化为和消费者沟通的语言，实实在在地提升业绩。

（三）用强大的兼职内训师体系支撑授课品质

12 期共 36 班次的品酒师班，教学工作全部由汾酒内训师团队完成。国家级评酒专家王凤仙、刘江生、贾怡娴等都是内训师团队的成员，而他们都在山西汾酒公司有职务。除了专家们外，一些来自山西汾酒质检中心、生产车间、包装车间、职工教育培训部等部门的员工也参与了授课。这些内训师都在山西汾酒的不同岗位上任职多年，他们既是十分了解汾酒的人，也是能将白酒某一专业领域的知识讲透的人。

品酒师班属于提升专业能力的培训班，很少有企业可以高频开办，主要原因是大部分企业的师资不足。山西汾酒能够高频次开办品酒师班，主要得益于其拥有庞大的内训师队伍。

山西汾酒建设内训师队伍已经有多年的历史，从 2017 年起，汾酒教培团队就面向集团大量招募内训师，并采用“PK”、大量培训等手段，不断优化和扩大内训师队伍。山西汾酒不断完善内训师管理制度和内训师奖励制度，激励了大量山西汾酒内部员工报名加入内训师队伍，使内训师队伍迅速壮大。成熟的、庞大的、优质的内训师队伍扛起了年均培训 15000 人次的任务。

二、酒商精英总裁班：帮助经销商构建学习型组织，快速复制成功经验

自 2016 年起，河南市场成为汾酒在山西以外增速最快的市场，也是经销商数量增长最多的市场。2019 年，在与销售公司、河南片区负责人充分探讨的基础上，山西汾酒决定将培训延伸到河南市场，帮助市场中的经销商们实现系统成长。

做好汾酒生意是山西汾酒和经销商们的共同心愿。山西汾酒的加速发展和外部竞争的加剧对经销商的运营能力提出了更高的要求——经销商既要跟上生产方的发展步伐，又要能够应对环境变化带来的挑战。只靠单项能力取胜的时代已经过去了，经销商只有不断提升经营能力，构建新的经营体系，才能在市场中占领优势地位。在此背景下，山西汾酒决定着手帮助经销商构建学习型组织，让合作伙伴们能更便捷地进行系统学习，提升经营能力。

（一）培训经销商高管，先让高管实现能力跃升

2019 年，酒商精英总裁班在河南开班，培训对象是年销售额在 300 万元以上的经销商高管。

酒商精英总裁班的教学内容聚焦经营者的核心能力构建、领导力提升、协同能力提升，既关注时代趋势和行业趋势，也关注

经营中的问题，具体有趋势解读、战略方向、系统能力构建、策略方法、顾客经营、领导力、厂商协同、前瞻技术八大部分的内容。

（二）通过案例式教学复制内部成功经验

为了讲好酒商精英总裁班的课，我们与汾酒教培团队成员三次去河南进行深度调研。在与一众经销商进行深度沟通后，我们总结出了那些优秀经销商取得成功的经验，然后以这些优秀经销商为课程案例，把成功的经验传授给其他经销商。

在第一期酒商精英总裁班上，我们以河南喜洋洋永盛实业有限公司（简称“喜洋洋公司”）为教学案例，系统剖析这家优秀经销商20年的发展历程，理出它的发展路径及成功之道。为了将这个案例做深做透，我们两次拜访喜洋洋公司，与公司的总经理赵建华，旗下分公司的负责人、中层干部进行深度访谈，在此基础上耗时两个月撰写出了“喜洋洋核心竞争力构建——10亿酒商炼成路径”“酒商构建系统经营能力的逻辑和方法”“营销战略的聚焦与取舍——喜洋洋汾酒发展解析”“解读喜洋洋汾酒业务的营销致胜要素”四个课件。“喜洋洋核心竞争力构建——10亿酒商炼成路径”由喜洋洋公司总经理赵建华主讲，“酒商构建系统经营能力的逻辑和方法”由我主讲，“营销战略的聚焦与取舍——喜洋洋汾酒发展解析”由喜洋洋公司汾酒分公司的总经理刘静君主讲，“解读喜洋洋汾酒业务的营销致胜要素”由我的同事主讲。我们在讲授课件的过程中穿插了关于如何转化使用喜洋洋公司成功经验的讨论。第一期酒商精英总裁班因教学内容十分实用而得到了学员们的高度好评。

在此后的各期酒商精英总裁班上，我们讲解了许多优秀经销商的案例。

既有高度又有深度、兼具启发性和实用性是案例式教学的特点，这种教学模式快速、有效地提升了经销商们的认知水平，帮助他们掌握了系统的经营方法，真正实现了能力跃迁。

三、“清香飘万里——汾酒竹叶青全国重点市场百场巡讲”：新阶段下加大赋能力度

从2010年30亿元的销售额到2022年260亿元的销售额，从2010年全国酒企排名第八到2022年全国酒企排名第四，山西汾酒打了一场漂亮的改革战役。

2022年5月19日，山西汾酒召开以“践行汾酒复兴纲领，全方位推动汾酒高质量发展”为主题的大会，制定了《汾酒复兴纲领》，确定了未来10年的战略目标。

2022年7月12日，“清香飘万里——汾酒竹叶青全国重点市场百场巡讲”活动（简称“百场巡讲”）首站在革命圣地延安启动。百场巡讲是《汾酒复兴纲领》颁布后启动的第一个培训项目，这个培训项目具有重大的战略意义。

第一，解决新时期、新阶段下，如何实现从上到下形成共识的问题。

我们在前面的部分也讲到过，企业要把标准化落地，首先需要全体成员在理念和行为上形成共识，战略落地也是一样的，而且不仅要在内部形成共识，还要与生态链上的合作伙伴们形成

共识。

开展百场巡讲的目的之一是让汾酒教培从杏花村走向全国市场，走进基层经销商，贯彻《汾酒复兴纲领》的精神，坚定全国经销商的信心。百场巡讲将强化经销商对汾酒产品的品质认知和品牌认同，指导各片区根据《汾酒复兴纲领》做出科学规划，逐步调整在价格、渠道、消费者培育等方面的工作重点和着力方向，心往一处去，劲往一处使。

“片区之前已经组织过关于《汾酒复兴纲领》的讨论学习，今天听了解读后，我对公司今后的发展方向和目标有了更清晰的了解。这场巡讲对我们今后开拓客户、优化区域产品结构有很大的指导意义。”听过巡讲的一位片区负责人表示。

第二，解决市场高速发展背景下，如何实现基层业务员的业务能力与市场需求相匹配的问题。

“现在的消费者水平可太高了，有的人比我们业务员还了解汾酒的文化和酿造工艺！”这是一个基层业务员发出的感叹，这句感叹从侧面反映出基层中存在业务员的业务能力与市场需求不匹配的问题。

开展百场巡讲的目的之二就是拓宽重点市场业务骨干的管理视野，提升基层业务员的专业素养。百场巡讲是关于山西汾酒的战略，汾酒的产品品质、酿造工艺、文化、价值等方面的系统培训，预计最终将覆盖超过 10 万名业务员。

“产品卖得越多，越发现自己的知识和管理能力匮乏，而百场巡讲的课程内容都是基层业务员日常跟客户打交道时要用到的，非常实用！期待公司能够经常组织这样的培训活动。”一位业务经理表示。

第三，解决在业务实操过程中，培训内容聚焦和针对性的问题。

百场巡讲以核心经销商和基层业务员为主要培训对象，巡讲的课程内容是在充分调研培训对象的学习需求后确定的，例如“汾酒品酒知识”“汾酒酿造工艺”“汾酒文化”“汾酒防伪知识”“业绩提升的有效方法”等，都是调研中经销商和业务员表示迫切需要的。

百场巡讲以市场实际需求为出发点，用听得懂、记得住、讲得出、说得清的语言，培养务实、专业的市场营销人才，强化他们的技能，使他们成为行家里手。

管理、市场与人才是山西汾酒实现复兴的三大关键，把培训课堂建在管理一线、市场一线、生产一线，通过培训批量培养和复制人才，持续为合作伙伴赋能是“十四五”期间山西汾酒培训工作的新任务、新目标，我们仍在路上。

划重点：品酒师班、酒商精英总裁班、百场巡讲等培训班的课程内容大受欢迎，与功能明确、学即能用、精准把握住合作伙伴的需求有关。

第9章
新创酒企专属培训打造高绩效业务团队

边读边想：

本章中提到的新创酒企能够通过培训快速培养人才，关键点是什么？

一、新创酒企的人才培养难题

二、聚焦业务能力培训，激活业务增长引擎

（一）高频次开展业务能力培训，一次性打牢根基

（二）采用沉浸式教学模式，让学员成为主角

三、搭建线上培训平台，让培训工作提效

（一）线上培训平台的价值

（二）搭建线上培训平台的思路

一、新创酒企的人才培养难题

在前面，我们为大家介绍了山西汾酒的立体培训体系，本章要讲的是一家新创酒企 B 公司的培训体系。B 公司虽与山西汾酒同属清香型白酒生产企业，但体量不同，发展阶段也不同，因此在培训目的和落地方法上与山西汾酒有很大差异。

有资料显示，我国平均每天有 1 万家企业登记注册，一年下来就是 365 万家，而其中的 97% 都会在 18 个月里“死”掉。创业，永远是一个幸存者挑战游戏。

一家没有知名度的新创企业，如何在市场中存活下来，如何从竞争对手那里抢份额，这两个问题是首先要解决的，解决不好的话，就会迅速陷入困境，而这两个问题本质上都是人才的问题。

B 公司的业务团队中 2/3 的人是新人，他们来自其他行业或是刚毕业的学生，缺乏基本的行业知识和销售技能，难以“来之即战”，更难以“战之即胜”，但公司迫切需要把他们立刻派上“战场”，去开拓市场，为公司赢得存活的机会。此外，B 公司计划用 10 年的时间在规模和影响力上成为国内清香型白酒生产企业的第二。要想实现这个战略目标，队伍就不光要能打胜仗，还要能不停地打胜仗。这也就意味着中层和基层管理者要有把公司战略执行落地的能力，业务员们要具有相当强的实操能力，且所有人理念一致、力出一孔。

为了培训人才，建设能满足公司业务需要、战略需要的人才梯队，B 公司邀请我们驻场开展组织能力建设咨询和专属培训，希望能在不断进人的情况下，在最短的时间内培养出一支能打仗、能打胜仗、能持续打胜仗的队伍，实现组织的高效运营。

二、聚焦业务能力培训，激活业务增长引擎

鉴于B公司当时面临的主要问题是员工的能力与公司的目标要求不匹配，员工有限的管理水平和业务素质制约了企业生存发展，我们确定了培训的两个目标：一是聚焦业务动作，把业务有效动作标准化，使业务员在接受训练后能够做到高效作战。二是聚焦业务管理，把业务管理关键动作标准化，使中基层管理者养成优秀的工作习惯。

（一）高频次开展业务能力培训，一次性打牢根基

从2021年6月25日以“赢在起点”为主题的市场调研实践课到2021年9月20日的业务标准化话术演练课，我们在B公司开展了为期三个月的业务能力培训。在这三个月里，我们将B公司核心业务线所需要的业务能力逐一拆解，通过课堂讲解、课堂模拟训练、市场实践、共创有效动作标准化规范等方式，体系化地输出业务能力，“批量制造”业务能手。

1. 着眼市场实操，展开主题性学习

以第一门课——主题为“赢在起点”的市场调研实践课——为例。这门课程的教学内容主要是讲解三个动作：“调研”“铺市”“推广”。这三个动作是业务员跑终端的常用动作，也是业务员要掌握的基本功。很多业务员之所以业绩不好，不是因为创新能力

不足，而是因为基本功不扎实。

这门课程要实现四个教学目的：一是“图画全”，即学员通过调研实践熟悉自己所在市场的业务版图、终端情况、竞品信息、消费状态。二是“点找准”，即学员通过调研实践掌握核心终端的数据、厘清终端分类，为快速导入新品做好准备。三是“定方案”，即学员基于调研实践获得的结果出具精准的终端铺市方案和产品推广方案。四是“练团队”，即通过调研实践提升学员们的团队合作能力，增强团队凝聚力。

市场调研实践课重在“实践”。在教学设计上，我们把教学过程分为三个环节：第一个环节是讲授理论，让学员了解市场调研的价值与意义，市场调研的内容、要求，具体执行过程中的注意事项及具体操作工具的使用方法。第二个环节是学员分小组下市场进行调研实践，将终端情况、竞品信息等记录下来并进行整理，这些数据将成为后期撰写终端铺市方案和产品推广方案的依据。第三个环节是分小组撰写调研报告，开展调研实践成果“PK”。这样的一门课程，真正做到了把课堂变成技能训练场。

市场调研实践课之后推出的一系列课程，我们都是紧紧围绕市场实操来设定课程内容及设计教学过程，着重解决那些长期困扰业务员或业务经理的实际问题，对各种业务动作进行细致的指导，例如怎么做自我介绍、怎么恰到好处地夸赞别人、面对不同类型的终端老板应该怎么应对、客情怎么做等，我们都做了详细讲解并要求学员进行演练。

2. 群策群力，共创有效动作标准化规范

在 B 公司的业务有效动作标准化培训课堂上，我们采用的教学方式不是让老师直接讲，而是让学员先根据核心业务线自己梳理出有效动作，然后分组撰写出《业务全流程有效动作标准化手册》，最后再上台分享。我们用这样的教学方式来训练学员们基于业务逻辑制定标准化规范的能力。

学员们在交流、讨论、分享后，就有效动作及有效动作的关键步骤、动作指标、时间周期等具体内容达成共识，形成了《业务全流程有效动作标准化手册》初稿，我们和公司各业务部门的负责人对初稿进行二次提炼和细化，形成最终版的《业务全流程有效动作标准化手册》。

3. “团队大熔炼”，让每个人的眼里都有光

为使业务团队成员在短时间内快速融合，形成强大的凝聚力，我们在开展业务有效动作标准化培训的同时还开展了一场名为“团队大熔炼”的拓展训练。这场持续了三天的严苛训练让学员们的身体素质得到了提高，思想理念得到了升华，集体荣誉感、团队合作能力、团队凝聚力得到了巨大提升。

在拓展训练最后的分享会上有学员说：“有一次我们团队排到了倒数第二，快要被解散了，我跑去问教官：‘为什么我们已经很努力了，却没有取得好的结果？难道因为我们是女生？’教官反问我：‘你们团队有确定的目标吗？对工作进行细化了吗？错误总结过吗？’这番话让我深思，我思考起团队的问题，也思考起自己的问题——我已经快30岁了，好像还是没有人生的目标和方向。后来我们团队迅速作出了调整，而我自己也暗暗发誓，我这次一定要改变自己，要变成一个做事有目标、有计划的人！我相信，只要自己肯努力，就一定能取得成就。”还有学员反省说：“我是个不合格的队长。我在决策过程中总是想先听听大家的意见，没想到需要在那么短的时间内做出决策并执行。后来我才明白，身处快消品这个行业，面临的现实情况往往就是这样。”他们的分享让我想到了八个字——“心里有梦，眼中有光”。

经过一轮系统训练后，B 公司的业务团队做到了让新产品在上市一周内即覆盖 4000 家终端，半年内完成山西所有地级市的市场招商，一年内开发完山西各主要县城的市场，共打造核心终端 26000 家。扎实的业务功底令这支年轻的团队所向披靡。

（二）采用沉浸式教学模式，让学员成为主角

为 B 公司所做的培训，我们在教学思路、教学模式、师资配置等方面都做了大胆的改革尝试，从第一场培训到最后一场培训，我们都是紧紧围绕“提升学员实操能力”这一核心目的来开展的，教学内容从市场难题中挖掘，讲师从实战能手中挑选，彻底践行“学是为干的，不是为看的”的理念。

1. 引入“PK”机制

没有好的教学模式，就很难激起学员们的学习激情，培训效果就会大打折扣，因此，我们在教学过程中把学员分成了若干小组，让各小组进行“PK”，通过竞争激起学员们的学习热情。

以小组为单位进行“PK”有三个好处：一是建立你追我赶的竞争氛围，激发学员的学习热情和创造力。二是业务实操阶段的拉练式“PK”已接近市场实战，学员们可以提前适应工作。几轮“PK”过后，就能迅速筛选出各小组中在带领团队方面有突出表现的人，把他们作为后期储备干部进行培养。

实践证明，通过边学习边“PK”的几轮培训之后，B公司业务团队的凝聚力和业务技能都得到了大幅提升，第一批业务经理基本上都是从发掘出的优秀学员中提拔的。

2. **大量使用内训师**

在利用B公司自有培训资源方面，我们采取的做法是把企业高管和业务能手组建成内训师队伍：

第一，让公司高管做讲师，让制定策略的人直接授课。从市场调研课到储备干部管理课再到经销商管理课，讲台上都出现过B公司包括总经理在内的一众高管的身影。由高管来阐释公司的经营策略和要求，员工们更不容易理解错误。

第二，让公司高管参与制作课件，保证教学品质。高管们有丰富的实战经验，因此课件的制作少不了他们的参与。考虑到高管们工作繁忙、时间有限，通常我们会与高管们一起梳理、提炼要在课堂上讲授的内容，然后撰写并打磨成专业课件，方便高管们授课。

第三，让业务能手来授课，用优秀的人来培养更优秀的人。我们邀请了大量的优秀业务员走进课堂，让他们分享把业务有效动作落地的经验。比如有个业务有效动作叫“送惊喜”，在讲解这个动作时，我们请来了把这个动作做得最好、取得的单项绩效最佳的业务员，让他在课堂上做完整的案例分享，为学员们拆解其中的关键步骤。这种“有血有肉”的教学更能让学员领悟到动作执行过程中的关键要点。

3. **把课堂变成技能训练场**

培训讲究实效，要能为学员进入市场实战带来实实在在的帮助，因此，我们把课堂变成了技能训练场，利用课堂进行“大练兵”。

以调研实践课为例，我们要求学员在学习调研理论后，要下到市场开展实地调研，调研后要分小组撰写调研报告并进行“PK”，我们与公司高管则组成辅导团，跟踪学员们的学习情况，及时为他们提供指导。一开始很多学员不适应，他们不明白为什么培训老师总是让他们讨论、写方案、演讲，折腾到他们需要熬夜加班加点地干，但过了一段时间，看到自己和伙伴们的成长后，他们就理解了这种以训代学的教学模式。

以训代学的模式也被应用到了有效动作标准化、经销商管理等内容的教学上，帮助学员们真正掌握了业务实操技能。

4. 让课堂“燃”起来

为了提高学员们的学习积极性，为学习增加一些刺激感，我们设计出了学习辅助工具“学习币”。“学习币”有“纪律币”“分享币”“智慧币”三种。“纪律币”用于奖励出勤情况良好的学员；“分享币”用于奖励积极参与分享、讲解，勇于展示自我的学员；“智慧币”用于奖励各小组中在团队合作方面贡献突出的学员。

设置“学习币”的目的有两个：一是激发学员的学习积极性，以免学员产生疲劳感，变得懈怠。二是通过这一工具选拔出优秀学员作为中基层储备干部。培训课程结束前我们会统计各学员、各小组获得的“学习币”数量，个人排名前三的学员将获得升职与加薪机会，团队排名前三的小组将瓜分奖金池内的奖金。

“学习币”工具的加入彻底激活了课堂氛围，点燃了学员们的学习激情，保障了学习效果。

三、搭建线上培训平台，让培训工作提效

（一）线上培训平台的价值

在当今时代，线上培训平台具有的优势和价值是不言自明的。对B公司而言，线上培训平台主要有三大价值：

第一，能提升组织学习的广度和深度。线上培训平台能使培训工作轻易覆盖所有层级和岗位——无论是中层和基层管理者还是基层业务员，无论是公司职能部门还是外部合作伙伴，都能快速触达。

第二，能实现知识资产的保存和传承。线上培训平台可以把因培训而获得的各种知识资产以数据形式保存下来，使这些知识资产不会因人员变动而流失，而且可以即取即用。

第三，能降低培训成本。线下培训的效果好，但费用高，尤其是对于那些举办培训频次高的企业来说，场地费、讲师费、差旅费等各种费用是一笔巨额支出，而采用线上培训的方式可以大幅地节约成本。此外，线上培训的方式不受时间和空间限制，能够随时随地满足不同学员的个性化需求。

（二）搭建线上培训平台的思路

首先，线上培训平台要能实现以下功能：

（1）能随时对新进员工进行培训。B 公司正依据战略发展规划稳步前进，不断扩大自己的业务版图，因此需要不断批量补充人才，能随时对新进员工进行培训是公司的第一个需求。

（2）能够覆盖合作伙伴并高频输出培训内容。B 公司经过两年的发展，在全国各地的合作伙伴越来越多，线下培训的组织难度越来越大，覆盖面也非常有限，故而希望通过线上培训平台实现对合作伙伴的高频次全员培训。

（3）实现信息扁平化。以往，公司的政策、产品信息、促销推广信息等重要信息都是层层转发、口口相传，由信息衰减导致执行不到位的情况常有发生，因此，B 公司希望线上培训平台除了具有培训功能之外，还具备快速、精准转达信息的功能，使上级的指令可"一键触达"执行者，确保执行者能充分理解上级指令并执行到位。

其次，在线上培训平台开展的培训要无痛点，培训效果要不亚于线下培训的效果。

与线下培训相比，线上培训有很多痛点：

（1）没有现场感和学习氛围，在无人监管的情况下，学习者普遍缺乏学习动力，学习效果可能大打折扣。

（2）学习内容的更新频次不高的话，学习者很快就会对平台失去兴趣。

（3）线上培训不受核心管理层的重视，不能发挥出价值。

因此，我们在为 B 公司搭建线上培训平台时充分借鉴了一些优秀企业的做法，让线上培训平台能真正发挥价值：

（1）激发使用动力，营造学习氛围。我们设置了游戏闯关解锁模式，寓教于乐，让学习的过程如打游戏般充满乐趣。我们还建立了学、练、考、评一体化的学习体系，对学员的学习内容、学习时长有要求，学员上完课后要做作业，会有专人评价学员的作业并给予针对性辅导。

（2）优秀者皆可为师，保证课程内容丰富、新鲜。无论是公司高管还是基层员工，凡是能在某一个领域、某一个环节做得优秀的人，都可以成为线上培训平台的讲师，到平台上分享经验、指导他人。比如每周都有把“送惊喜”这一动作做得好的业务员，那我们就每周都找出几个典型，为他们录制微课视频并上传至平台，同时在线上开通讨论区，进行讲师投票活动。此外，我们还通过向全体员工征集微课、制造课程热点来保证学习内容的更新频次，维持平台用户的活跃度。

（3）公司高管要参与线上培训平台的课程输出。亲自使用线上培训平台并在平台上担任讲师，高管们很快就能感受到线上培训的便利之处，从而愿意给予更多的支持。比如他们会发觉，通过线上培训平台可以便捷地把想法传递给合作伙伴，把指令以最快的速度传达给基层员工。

线上培训平台需要不断更新和迭代，我们目前搭建起的还只是“1.0 版本”。随着公司规模的扩张、团队人员的增加、更多合作伙伴的加入，我们还会不断对线上培训平台进行升级，以满足公司的需要。

划重点： 本章我们通过一家新创酒企的案例来讲述新创企业如何打造专属培训体系。对比本章和前一章的内容我们就会发现，处于不同发展阶段的企业所面临的问题并不一样，只有根据企业的发展战略及发展阶段建立起目标专属、内容专属、人群专属、讲师专属的学习体系，才能最终实现培训的“上接战略，下接绩效”。

第三部分

酒商的人才培养与组织力构建

第10章
新时代下酒商组织能力面临的四大挑战

边读边想：

（1）您公司的组织能力与公司的发展战略、发展规模、发展阶段匹配吗？

（2）您认为酒商进行组织升级或组织转型主要面临哪些难题？

一、招人难，留人更难，难以实现人才沉淀

二、无法持续生发出新能力，难以抓住新机会

（一）市场由可粗放经营变为需要精耕细作，考验酒商的深度分销能力

（二）消费升级，考验酒商的高端品牌运营能力

（三）零售革命，考验酒商的新零售运营能力

（四）核心能力迭代，考验酒商的 C 端运营能力

（五）数据时代，考验酒商的数据系统应用能力

三、只有平凡人，难以成就非凡事

四、拼得天下，却难寻接班人

酒企和酒商都面临着环境变化带来的一系列挑战，但从挑战的难度、深度和广度来看，酒商遇到的挑战更大：信息流的畅通，物流效率的提升，渠道的碎片化，零售方式的迭代升级，互联网技术带来的数据革命，都对酒商造成冲击；白酒行业品牌集中化的趋势越来越明显，白酒生产厂家的自我营销能力越来越强，使酒商的行业地位和拥有的话语权日渐式微；白酒产品往次高端方向发展的趋势明显，要求酒商具备更强的消费者运营能力，但很多酒商无法转型升级，只能痛失红利。

每一次环境变化都给酒商带来巨大的焦虑。如何摆脱焦虑，与变化共舞，实现可持续发展，是摆在很多酒商面前的重大课题。

前面我们提到一个公式："企业成功 = 战略 × 组织能力"。这个公式同样适用于酒商。环境改变时，战略就需要做出调整。白酒行业的发展趋势明显，因此，对酒商而言，重新制定一个正确的战略不是什么难题，难的是如何因应环境变化，打造能够支撑战略落地的组织能力。

举个例子，有个酒商老板在学习了一圈后和我说："我要把我的业务重心转到社群和直播上。"我当场回复说："你落实不了。"他问："为什么？"我说："你公司的组织能力跟不上。无论是做社群还是做直播，都要有强大的内容生产能力，但你的团队是做传统渠道铺货的，能不能转型为内容生产商还是个问题。至少目前你是没办法进行业务转型的。"

战略和组织能力要协调发展，企业才能取得成功。大多数酒商老板已在商海中摸爬滚打多年，能看清行业变化和发展趋势，能做出合理的战略规划，让他们产生无力感的往往是公司的组织能力跟不上。

当前，酒商在组织能力上面临的挑战主要有四个：留人难、新能力欠缺、人才缺乏、接班难。

一、招人难，留人更难，难以实现人才沉淀

我们曾对酒商展开过关于管理难题的调研，调研结果显示，有60%以上的酒商认为招人困难。我们对此现象进行深度剖析和思考后，认为根源在于这些酒商缺少科学和规范的管理机制，留不住人，公司无人可用，于是被迫不停地招人，但又不停地流失，陷入一种恶性循环。近几年“95后”“00后”陆续走上职场，酒商招人难的问题就显得更加突出。

很多已经营了十几年甚至二十几年的酒商也会受到“招人难”这一问题的困扰。有一个经营了十几年的酒商，其业务团队常年保持在4~5人的规模，生意几乎完全靠老板夫妻两人的资源维持。当老板向我诉苦时，我对他说：“如果从做生意开始，公司每年都能留下5个人才，那么十几年下来，你就有50个人的人才沉淀了，这50个人足以支撑起一个中等规模的公司的发展了，所以，你遇到的问题，根本不是招人难的问题。”

要想破解招人难题，首先要在留人上下功夫。

二、无法持续生发出新能力，难以抓住新机会

近些年来，酒商所处的行业环境变化明显，而酒商也不断遇到新的考验。

（一）市场由可粗放经营变为需要精耕细作，考验酒商的深度分销能力

近10年中，线下渠道的业绩能够持续增长的酒商，无一例外都是具备市场精细化运作能力的酒商，也就是具备深度分销能力的酒商。

前文提到的鸿竹公司将销区分为6个区域，每个区域都配备了职业经理人，餐饮店渠道也是先分区，再配给专门的维护团队。自公司成立以来，鸿竹公司一直把人力和精力集中在餐饮店渠道，帮助终端培育消费者。因此，鸿竹公司自成立以来的6年里，每年的销售额增长率都能保持在两位数。

汾酒的经销商之一融通公司把大同地区的渠道细分为餐饮店渠道、烟酒店渠道、商超渠道、团购渠道、专卖店渠道等不同类型，不同类型的渠道由不同的团队运营维护，还对餐饮店渠道和烟酒店渠道做了核心网点和普通网点的区分，安排不同数量的业务员进行维护。可以说融通公司在大同市场织了一张密不透风的营销网，把精耕细作市场做到了极致，因此，在汾酒集团高速发展过程中，融通公司也同步获得了红利。

拥有市场精细化运营能力也是如今各个名酒品牌和新锐品牌对酒商提出的核心要求之一。

（二）消费升级，考验酒商的高端品牌运营能力

白酒类消费升级在消费端的体现，就是300元以上的次高端产品的销售份额占比逐年增大，市场扩容式增长。

次高端产品对应的消费场景多是商务消费和政务消费，因此，能否构建圈层、输出品牌认知、组织有价值的推广活动是摆在酒商们面前的考验。如果酒商不具备运营次高端产品的能力，就会失去这一轮消费升级带来的红利。

某酒商曾是汾酒全线产品的代理商，因对玻汾的运营到位，故被山西汾酒列为标杆经销商。但在汾酒青花系列崛起的过程中，该酒商始终没有搭建起能够运营汾酒青花系列的团队，最终失去了汾酒青花系列的当地代理权，也就错过了一段红利期。反观另外一个某地级市的酒商，该酒商 2016 年才拿到汾酒某支产品的当地代理权，但该酒商从代理这一支产品开始就积极搭建团队，在当地构建圈层、开展团购业务，最终获得了汾酒青花系列的当地代理权。

（三）零售革命，考验酒商的新零售运营能力

新零售是一种全新的零售模式，它自 2016 年开始兴起，并给传统零售模式带来巨大冲击。很多酒商都试图转型新零售，但几年过去后，一部分酒商转型失败，偃旗息鼓，又走回原来的老路，一部分酒商依然在艰难地探索，只有一小部分酒商享受到了新零售革命带来的红利。我们大家都熟知的酒仙网就是酒商转型成功的代表。酒仙网把线上线下渠道融合贯通，搭建起自己的供应链，直播带货也斩获颇丰，堪称传统零售企业转型新零售的典范。

我们认为，零售模式没有“最新”，只有“更新”，所谓的新零售就是效率更高的零售模式，而酒商作为商业链上重要的一环，升级零售模式是必须要做的事情。

为什么很多酒商即便站在新零售的风口之下也没有获得成功？我们来看一个案例，就知道背后的原因了。

有一家公司在当地开有四家终端店，年营业额近亿元，盈利情况非常好。新零售风头正盛之时，公司老板想通过开设连锁店的形式来扩大公司规模，并为此重新组建了团队。但是经过两年的折腾之后，这位老板并没有实现连锁经营，而是回到了原来的四店经营上。

这位老板失败的原因，在于他并不了解新零售的真正含义，以为只要讲好故事（经营模式变革计划和品牌故事）就能招到加盟商，因此在“讲故事”这件事情上下了很大功夫，并忙于参加各类行业会议，进行路演招商。一开始他确实招到了几十个加盟商，但在供应链构建和门店管理上没有做足准备，没有形成核心竞争优势，导致加盟商们在加盟之后生意颇为冷清，最终纷纷退出，而他重新组建起的团队也因项目失败而解散。

现代商业环境下的连锁经营要求经营者具备很强的供应链整合能力和精细化、标准化的门店管理手段，能够利用互联网技术来辅助经营，但案例中的老板没有在这些方面下足功夫，因此转型失败是必然的。

新零售涵盖的范围很广，社区团购、直播带货都属于新零售，但不管是哪一种形式的新零售，都需要有一定的组织能力作为支撑，那些不具备相应的组织能力的企业，即便想拥抱新零售，也只能是有心而无力。

（四）核心能力迭代，考验酒商的 C 端运营能力

过去，拥有仓储地、物流链、现金流是酒商的核心能力，如今，酒商的核心能力是 C 端（客户端）运营能力。

能给消费者提供更好的体验，获得消费者的长久信任，能够精准地将产品的品牌诉求、核心卖点传达给消费者是 C 端运营能力的核心。

（五）数据时代，考验酒商的数据系统应用能力

我曾参加过一家知名酒企的经销商会议，这家酒企的核心高管在会上主要宣导了经销商要落实使用企业开发的数据系统，包括一物一码数据系统、终端共享管理系统、消费者会员管理系统等。

会后我对部分经销商进行了调研，发现很多经销商对使用酒企开发的数据系统存在顾虑，他们害怕这些数据系统会让他们赖以生存的客户资源和消费者资源都变成了酒企的资源，也不大清楚这些数据系统能为他们的经营带来什么价值。

其实大可不必有这种顾虑，使用数据系统是实施精细化管理、全面提升工作效率最有效的手段之一。我们曾对某酒企的经销商使用数据系统的情况做过调研，发现凡是把数据系统使用得比较到位的经销商，管理水平、业绩水平都有所提升，反之，那些比较抗拒使用数据系统的经销商，在管理和业绩上的表现都不尽如人意。

酒商除了可使用酒企提供的数据系统，还可以自行开发数据系统，利用数据系统来收集、整理数据，从中发掘有价值的信息，

用以指导经营决策。

在重重考验之下，酒商如果不能让组织不断生发出新能力，必定难以应对挑战，也难以抓住新的机会。

三、只有平凡人，难以成就非凡事

酒商很难获得优质的人才资源，这是由酒商的行业属性和商业属性所决定的。

某酒商老板说，当地的年轻人宁愿去大餐厅做服务员，也不愿到他们公司做业务。酒商在人才招聘上遭遇困境的问题在地级市以下的地方更为突出。

除了难以招到优秀的年轻人外，酒商们还经常受到人员老化问题的困扰。很多酒商的中坚力量都是从老板创业起就一路跟着走过来的元老级人物，他们曾在某些阶段为公司的发展做出了巨大贡献，但随着年龄的增长和时代的更迭，很多老员工确实已没办法跟上公司发展的脚步。

因此，对于很多酒商来讲，最佳的解决办法就是用好那些天资平凡而又勤勤恳恳的新员工，帮助他们提升和成长，在工作中实现自我价值，同时想办法刺激老员工，让他们焕发出新活力。

四、拼得天下，却难寻接班人

改革开放的历程也是我国酒商蓬勃发展的历程。很多与改革开放同时起步的第一代酒商如今已具有一定的规模，拥有足够多的资金、人脉资源和品牌资源，但是这些酒商的掌舵者们年龄已大，到了需要休养生息的时候，谁来接替他们，把现有的事业继续做大做强，成了他们最操心的问题。

很多酒商老板希望自己的子女能够接班，但是我们在调研后发现，事情恐怕没那么容易。在子女接班这件事情上，有两个重大影响因素：一是子女的意愿，二是子女的能力。有的子女对父母正在做的生意不感兴趣，内心有自己的追求，不愿接班；有的子女愿意接班，但是对酒水行业的了解不够，做生意的经验不足，接班后可能无法推动公司向更高水准发展。

有的老板把事业交给了自己的子女，但又担心子女做不好，所以在交班的过程中总是忍不住干预，导致子女不能放开手脚按自己的想法去做，最终心灰意冷，放弃接班，又或者导致两代人冲突不断，生意受损。

有的老板在子女不愿接班或者不放心子女接班的情况下，干脆选择把事业交给职业经理人，公司前途如何，全看职业经理人的水平了。

但无论是子女接班还是职业经理人接班，最重要的事情都是要先建立起严格规范的管理体制，确保公司资产不流失、日常运营有保障。

在下一章中，我们将介绍一个夫妻档公司进行股权改造，子女顺利接班的案例。

划重点：公司要想可持续发展，就要有正确的战略，还要有与之相匹配的组织能力。新时代环境下，酒商面临多重挑战，但这些挑战同时也是机会。

第11章

从夫妻档到专业化运营
——一个中小型酒商的变革之路

边读边想：

（1）这家商贸公司改革成功的关键因素是什么？

（2）这家商贸公司的哪些经验可以借鉴？

一、三个动作启动改革

二、建立科学的人才选育用留机制，解决组织持续发展的问题

（一）建立招聘体系，吸引年轻人

（二）给新人留下来的理由

（三）提升业务团队的能力

（四）构建业务驱动型组织

在一些行业论坛上经常会听到有酒商老板感叹："现在钱越来越难赚了，消费者越来越精，厂家的要求越来越高，我们这一把老骨头马上就要被时代淘汰了！"我很想对他们说，不被时代淘汰最好的办法就是在危机来临前先革了自己的命。

很多酒商都是从夫妻档做起的，夫妻俩起早贪黑、省吃俭用，一点点积攒起财富和人脉，再靠一点运气和时代红利的加持，最终有了如今的身价。就在他们以为挣了钱就能轻松点了的时候，却突然发现随着这生意越做越大，问题也越来越多——招人难、留人难、公司管理难、厂家要求高，想转型却不知道方法，生怕太过激进会闪了老腰，伤了公司的筋骨。

接下来我给大家分享一个夫妻档酒商成功转型并顺利交班的案例，希望能带给那些想转型的酒商一些启发。

C公司是一家拥有近20年历史的酒水商贸公司。公司老板是夫妻俩，两人靠着勤劳和人脉资源挖到了"第一桶金"，如今他们手里已拥有一大批名酒的代理权，例如茅台、汾酒、习酒的代理权。

现在的酒水市场正处于缩量分化的阶段，各大名酒的生产厂家都追求对市场进行精耕细作，因此也对经销商提出了要专业化运营的要求，如果经销商达不到厂家的要求，那么就要面临代理区域或代理产品种类受限的风险。

C公司代理茅台集团的产品多年，因此现金流非常充沛，而且凭借茅台强大的品牌力，销售起来可谓不费吹灰之力，但公司仍不可避免地遇到了大多数同行都遇到的问题，那就是一直没有办法留住人，多年来团队成员一直在不断更换。队伍的不稳定导致C公司的终端数量不断萎缩，无法达到一些酒企的要求。这是C公司的第一重危机。

第二重危机是20年来夫妻俩虽然把生意做得风生水起，但没有形成现代化的运营模式，导致业绩难以再提升，除了茅台之外，其他品牌白酒的年销售额多年来一直在3000万元左右徘徊。

第三重危机是夫妻俩的子女大学毕业，准备接班，但子女们没有行业经验，如果没有一套科学的管理体系来辅助的话，交班的过程恐怕不会顺利。

在这三大危机的压力下，夫妻俩找到我们，希望我们能帮公司实现组织变革，解除危机。

一、三个动作启动改革

基于客户的需求，我们入场开展调研，然后用了3个动作帮助C公司迈出改革第一步。

动作一：将有不同运营需求的业务分离。

我们做的第一件事情就是建议将茅台的业务剥离。为什么要剥离茅台的业务？前面我们提到，茅台具有强大的品牌号召力，产品长期处于供不应求的状态，在茅台强大的品牌号召力面前，C公司的业务团队的能力已经无足轻重，也无处施展。C公司的营收状况一直特别好，但是除茅台之外，代理的其他品牌都做不起来，核心原因是卖茅台的产品不需要对市场进行精耕细作和培育消费者，而卖其他品牌的白酒则恰恰相反。所以我们建议 C 公司将茅台的业务剥离，针对其他品牌的白酒单独成立一个事业部，组建起渠道团队和团购团队，去拓展业务。

动作二："干掉"不再适应公司发展需求的老员工。

C 公司的老板有这样一个困惑：有一些员工自打公司成立起就跟着自己一路打拼，是公司的"元老级"员工，但如今这些老员工的能力和意识已经跟不上公司的发展步伐，到底该怎么处理他们呢？相信这也是很多酒商老板的困惑。

公司需要老员工，但不是所有老员工都有留下的必要。老员工能不能留，有两个关键考量点：一个是看他的思维方式和心态是否还有转变的可能，另一个是看当前他的核心能力是否还能满足公司的需求。如果老员工身居核心位置，又抱着旧有的经验不愿放弃，不谋成长，那么不管他与你是什么关系，都要把他从重要位置上挪开。

我们建议 C 公司的老板把那些身居要职却无法适应新环境、新要求的老员工从岗位上撤下，把理念更新、能力更强的人换上。

动作三：实行股权改革，从根源上破解招人、留人难题。

股权改革能否成功，取决于老板是否真正肯分享财富。股权就是金钱，股权改革就是分钱，如果老板根本不愿意把钱分给员工，那么股权改革就无从谈起。

C 公司的老板本身有意愿进行股权改革，这是股权改革得以实施的大前提。

在大前提得到满足的情况下，C 公司还做到了“三个透明”，为股权改革保驾护航：

（1）财务透明。之前 C 公司的财务不够透明，账务有些混乱，为了能顺利进行股权改革，公司花了很大力气清理账务，建立起规范的财务管理体系，使财务工作变得公开透明。

（2）股权分配原则透明。这次股权改革的分配方案向普通员工倾斜，普通员工可以用更少的投入占有更多的股份。这一举措激活了员工们的自驱力，大量优秀业务骨干积极认购股份，成为公司股东，誓与公司同进退。

（3）股权改革流程透明。股权改革全程合法合规，员工利益受法律保护，员工才会相信老板是真的愿意给他股份而不是“挖坑”算计他，才会有安全感。因此，C 公司在进行股权改革时，聘请了专业的律师团队来给员工答疑，员工有任何疑问都可以在现场向律师咨询，所有入股者都在律师的见证下签署入股协议书。

员工入股，肯定希望在最短的时间内得到收益，所以我们提出入股当年即可分红，同时测算出公司三年、五年、十年后的规模和利润水平，以及股东们每次分红能拿到的钱是多少。看到测算数据，员工们都对公司的前景有信心，愿意掏钱入股，人自然也就留了下来。

二、建立科学的人才选育用留机制，解决组织持续发展的问题

（一）建立招聘体系，吸引年轻人

招人难有两种情况：一种情况是什么人都招不到，另外一种情况是招不到年轻人。后者才是C公司面临的主要情况。

要想吸引年轻人前来，要做到三点：一是招聘信息要有亮点；二是招聘渠道要选对；三是招聘流程要规范。

先说招聘亮点。

公司交五险一金、实行五天工作制、有年终奖、代理的品牌是全国知名品牌等都属于招聘亮点，它们都是年轻人找工作时十分关注的因素。

我知道很多酒商老板看到这里内心会嘀咕："五险一金那是酒企的待遇，我们是小小的商贸公司，哪能跟大企业比？"但反过来想想，年轻人看到你的公司是家规模不大的商贸公司，没有五险一金，还要一周工作六天，他们的第一反应是什么？他们的内心肯定是想："这家公司看起来不太正规，算了吧。"你说这招聘工作还怎么做下去？

我们在给C公司做招聘的时候，在招聘信息里写了五个亮点：①公司已有20年历史。②公司实行合伙人模式，来这里，人人都能当老板。③公司代理的品牌都是全国知名品牌。④公司为员工交五险一金。⑤薪资计算方式为"基础工资+绩效+提成+季度

奖”，月均收入比当地城镇职工月均工资多30%以上。看到这些招聘亮点，很多年轻人前来面试，因为他们觉得能提供这些条件的公司应该不错，值得了解一下。

再说招聘渠道。

有些公司的招聘信息上亮点也不少，但还是招不来人，原因可能出在投放渠道不对。例如，酒商把招业务员的信息投到BOSS直聘或者前程无忧，那就有可能招不到人，因为这两个渠道相对而言偏“高端”了。酒商要招业务员，一般有几个比较好的渠道：一是同行圈子。比如让公司员工把招聘信息转发到朋友圈、同行微信群。二是快消品行业的圈子。三是58同城这种类型的线上招聘网站。为鼓励员工积极转发招聘信息，公司可以设置一个“内推奖”，即如果有人推荐来的新人成功入职并且转正，那么就奖励给推荐者一定的奖金。

最后说招聘流程。

面试环节的体验决定了应聘者对公司的第一印象。如果应聘者来面试，结果没人搭理他，又或者有人把他带去面试，结果面试者并没有细看他的资料，只是随便问了下年龄和经历就说录用了，那么即便公司真心想要人，应聘者走了后也未必会再来。原因很简单，就是应聘者的面试体验不好，他觉得这家公司不正规，没前景。

我们为C公司的招聘设置了一套规范的流程：面试前有专人联系，应聘者来了有专人接待，接待服务有标准，面试过程有步骤；招人部门的主管领导一定要参加面试，谁要兵就谁来选；面试结束后，不管是否录用了应聘者，都要周到礼貌地送走。

（二）给新人留下来的理由

新人入职后，要想把他们留下，也要做到三点：一是要以老带新，帮助新人快速适应并融入团队。二是部门的主管领导要亲自指导，帮助新人快速适应自己的管理风格。三是要有合理且极具吸引力的薪酬绩效制度。

首先，公司要有以老带新的文化，让新人进来之后能快速度过适应期。新人刚入职，难免会手足无措，如果老员工不给予帮助，只顾着忙自己的事，那么新人很可能在一两天后就会觉得不适应这份工作，心里打起退堂鼓。

我们要求C公司把新人招进来后要做到三件事情：第一件事情是搞入职培训，包括行政流程培训和业务流程培训。第二件事情是营造热烈的迎新气氛。在开晨会时，新人所在部门的主管领导隆重地介绍新人，之后行政把新人拉入公司的业务群并带头在群里欢迎新人加入，让新人感到受重视，心里觉得温暖。第三件事情是安排老员工带新人。新人来了之后，由老员工带着连续跑一星期终端，让新人熟悉基本的业务流程，了解公司经营的产品、销售区域的划分情况，以及自己所在区域各终端的基本情况。

其次，部门的主管领导不管自己平时的行事风格如何，都要先耐心地指导新人。新人初来乍到，还是“业务小白”，很多专业名词如“终端”“动销”等都还不懂，不要指望他们能马上能听明白各种指令。新人需要有一个适应业务、适应团队的过程，也需要一个适应领导的过程，鉴于这一点，我们在C公司建立了领导协访制度，让领导们手把手地教新人做业务。

最后，用实实在在的物质回报激起新人的工作斗志和留下的欲望。有些公司实行的是提成制度，业务员能出货就有提成，出不了货就只能拿很低的基础工资；有些公司则实行绩效制度，业务员要完成一定的指标才能拿到绩效工资，否则也只能拿基础工资。我个人认为，这两种制度都不宜单独实施。单实行绩效制度，业务员不会主动去完成那些规定指标以外的指标，做规定动作以外的动作，因为那些都与自身收入无关；单实行提成制度，业务员不一定会去完成公司要求做的动作，因为他客情关系做得好，能卖出去货，有业绩就行。

我们给C公司设计了一个新的薪酬方案——“底薪+绩效+提成+阶段性单项奖”。为什么要这么设计呢？前面提到，C公司的终端数量在不断萎缩，具体的情况是从500多家萎缩到100多家，核心终端更是只剩几十家，因此，要想突破增长瓶颈，就必须重扩终端规模。为此，我们给C公司的业务团队定下两个考核指标：业绩指标（用以计算提成）和核心动作指标（用以计算绩效）。核心动作指标主要考核铺市动作，目的是提高铺市率，即新开终端的效率。我们跟业务团队的负责人一起测算时间周期和评估行动的难易程度后，最后确定了具体的绩效考核方案：按每个月工作26天计，每人每月需新开终端39家，平均每天需新开终端1.5家；每个季度统计一次指标完成情况，达标且排名前三的业务员可获得“业务动作单项奖”，奖金约等于一个月的薪酬，奖金会在某次晨会时当着团队所有成员的面颁发，以起到激励士气的作用。后来，C公司只用了5个月就把终端数量提升到了1400家。

（三）提升业务团队的能力

绝大多数经销商都面临着一个问题，那就是招不到优秀的业务员，C公司也一样。怎么办？我们的解决办法就是前文提到的“让平凡人成就非凡事”，即形成业务标准化手册，用业务标准化手册对全体业务员进行培训，规范业务员的行为，提升业务员的能力。在开展培训的同时，我们还通过一系列的手段来对业务员进行跟踪辅导。

一是召开晨会、周复盘会、核心问题解决会等会议。周一的晨会合并了周复盘会，周三的晨会合并了核心问题解决会。晨会主要聚焦三个问题：昨天的指标完成了多少？没有完成的原因是什么？改进措施是什么？要让每个业务员都清楚自己昨天哪些指标没完成，今天一定要补上；要找到指标没完成的原因和改进的措施。晨会仅就“指标”的主题召开，议程简要，一般半小时内结束。晨会合并周复盘会或核心问题解决会时，会议时间可以延长到一小时，因为还要解决上一周里出现的共性问题。

二是让业务员填写周报和月报。周报和月报都要写明原定的目标是什么，具体的指标是什么，达成目标的具体时间和地点是何时何地，责任人是谁，自己负责的区域是哪。填写周报和月报的主要作用就是让业务员自我复盘，强化目标意识，在思想和行为上与公司保持一致。

三是每个月的月底召开一次月度分享会。月度分享会上，当月动作指标完成得较好的业务员把成功的经验分享出来，大家可以针对动作落实中的难点进行交流。定期组织交流分享会可让团队中的成功经验得到快速复制。

四是不定期召开政策解读会。很多公司对政策的落地不够重视，往往是制定政策时很慎重地召开高层研讨会，但是对如何执行却没有做出清晰的说明，业务员全凭个人理解行事，导致业务员理解政策的准确度直接决定政策的执行效率。为保证 C 公司高层制定的政策能及时、精准地落地，我们建立起了一个政策解读学习机制，即不定期召开政策解读会，确保每名业务员都熟知、认同政策，知道政策背后的深意，能算明白账，把政策落实到位。

五是实行集体巡店打分制度。我们为 C 公司制定了集体巡店打分制度，具体做法是设置巡店小组（2 组人员，每组 4 人，每个月月底确定下一个月的巡店小组成员名单），由事业部带头人带领，对临时确定的终端对象进行巡查，小组成员各自根据现场陈列情况和与客情好坏程度进行打分，分数列入业务员绩效考核因素。

（四）构建业务驱动型组织

构建业务驱动型组织有三个步骤：

第一步：建立起能够支撑业务良性发展的组织架构。

第二步：明确组织架构中各岗位的职责。

第三步：确立标准而简洁的业务流程，用高效的协同机制来驱动业务发展。

我们对C公司的核心业务进行梳理后，便着手帮助该公司重新搭建组织架构，重定岗位职责，明确核心业务的流程和完善相关的管理制度。

首先，我们把公司的经营模式改为事业部经理人制，设立两大事业部和一个行政部，以行政部为服务后台，全力支持两大事业部。

其次，明确各岗位的职责并列明工作任务清单。我们先跟每个人进行谈话，让他阐述对岗位职责和具体工作任务的认识，然后帮他梳理、归纳、总结，确保他完全理解该岗位需要具备的能力和需要完成的工作。在此之后，我们召开岗位职责宣讲会，每个人都要在自己的岗位职责书上签字确认——签字确认意味着他要对岗位职责书上载明的所有工作任务负责，避免今后因责权不清出现扯皮推诿现象。

最后，明确业务流程，建立高效的协同机制。要做到高效协同，除了要有标准而简洁的流程之外，还要明确流程各节点的具体要求，畅通上下级以及不同部门间的工作衔接。我们对C公司的业务流程进行了规范和细化，形成管理手册和运营手册，用这两本手册来对全体员工进行培训。此外，我们在绩效考核上引入了相互打分的制度——业务岗的绩效不仅仅与业务指标完成情况挂钩，后勤岗的绩效不仅仅与服务品质挂钩，还受彼此给出的评价分数的影响。这么做的目的是强化各个岗位的协同能力。

通过组织变革，C公司招来了一群有干劲的年轻人并成功地让他们留了下来，公司员工的平均年龄由原来的 40 多岁降至 20 多岁，企业也焕发出生机和活力。

划重点： 企业经营，如逆水行舟，不进则退。本章我们通过一个酒商转型的案例为大家系统剖析了传统酒商普遍遇到的转型难题，讲述了破解难题的办法。通过本章内容我们可以明白，传统酒商转型难，最大的问题不是出在技术和时代，而是出在心态。能接纳年轻人、愿意分享财富、愿意改变固有的经营运作模式而采用科学的运营体系才是传统酒商转型成功的关键。

第12章

成为超商
——10亿级酒商的系统力构建

边读边想：

要想成为超商，需要有什么样的支撑体系？

改革开放造就了一批颇具规模的酒商，如今，它们当中有的已被时代浪潮卷入海底，成为历史记忆；有的虽幸存下来，但已是大而不强；有的则始终保持良性增长势头，实现了可持续发展。

酒商获得可持续发展的密码是什么，哪些要素构成了支撑公司可持续发展的经营体系？酒商公司能像酒企那样，成就百年基业吗？本章将给大家讲述一个10亿级酒商（年销售额在10亿元以上的酒商，也称为超商）的案例，从这家优秀酒商的身上，我们也许能得到一些启发。

一、超商背后的强大组织能力和业务能力

D公司成立于1999年，以快消品配送起家；2000年进入酒水领域；2003年开始专营白酒，公司迎来了第一个发展高峰期；2007年因代理的某地方小品牌出现严重质量问题而受累，遭遇了一场危机。

度过危机后，D公司高层痛定思痛，于2008年将公司战略调整为聚焦名酒经营，重新出发。之后的6年里，在名酒战略的指导下，公司先后代理了泸州老窖、五粮液、汾酒、剑南春等品牌。2015年，基于消费环境发生了改变，公司对战略做出微调，把业务聚焦在经营名酒品牌的高端产品上。

对名酒战略的坚守帮助D公司跨越了2013—2015年的行业波动期，在2016年开始快速发展，并于2019年实现了年销售额达10亿元级别，旗下年销售额超2亿元的分公司有4家，有4支代理的单品年销售额过亿。也正是因为坚守名酒战略，D公司扛住了三年

疫情期受到的影响，并在“酱酒热”消散之后依然拥有充足的现金流，没有像很多其他酒商一样把大量的现金压在酱酒库存上。

我和我的团队一起深度研究了D公司发展成功的原因，并把原因归结为一句话——这是一家具备超强的组织能力和业务能力的公司，两种能力的水平甚至超过了很多白酒生产厂家。具体的表现是这家公司拥有一支既有梦想又有极强综合运营能力的核心高管团队，有清晰的战略目标，有科学的顶层设计，有能留住优秀人才的激励机制，有支撑公司可持续发展的企业文化，有紧跟时代步伐的业务设计。

酒商基本上都是业务驱动型公司，一些酒商即便上了规模，也常常只关注业务能力而忽视组织能力的沉淀，这些酒商的抗风险能力较弱，很容易因为行业和市场环境发生变化而倒下，而D公司卓越的组织能力确保了公司的核心管理团队理念一致，员工离职率低、工作效率高，抗风险能力极强。

D公司始终把人视为影响公司发展最重要的因素，把组织能力的建设放在与战略同等重要的位置上，这让它得以持续发展且势头强劲。

二、四大核心能力使名酒价值得以变现

据统计，市场上真正畅销的名酒不过100多支，酒商希望拿到名酒，名酒企业也在选择酒商，酒商不具备一定的能力的话，很难拿到名酒资源。那么，D公司在确定名酒战略后，是如何获得名酒资源并实现获利的呢？该公司的做法是在充分分析名酒企业要

求的基础上着力打造四项能力，既为自己争取到名酒资源，也为自己建立起竞争的护城河，最终实现名酒价值变现。

（一）打造信任力

厂商关系是老生常谈的话题，也是永远要谈的话题。构建良好厂商关系的前提就是厂家和商家要彼此信任。在厂家和商家相互选择的过程中，双方都有一个共同的担心——对方能否成为长期伙伴，能够长久合作和共同发展？因为名酒资源相对稀缺，所以在相互选择的过程中名酒企业的话语权更强，酒商处于被动地位，获得名酒企业的信任也就成了酒商拿到名酒资源的关键。

D公司的负责人认为，公司能拿到各名酒企业的主线产品资源，是公司坚持走长期发展路径，不做投机行为的结果。正是长期主义的信条和不轻言放弃的定力使得D公司与众多名酒企业携手走过了一个又一个行业波动期，建立起牢固的互信关系，也因此拿到了越来越多的名酒资源。

（二）打造品牌运营能力

一些酒商变成了只能为名酒企业贡献现金流和物流配送服务的“辛苦商”，多半是因为不具备足够的品牌运营能力。D公司很早就意识到了这一点，因此向来很注重从人、财、物三个方面打造品牌运营力，使人、财、物三方面的资源做到合理匹配。

D公司一直将人视为第一生产力和经营成功的第一要素，秉持“有合适的人才接新产品和拓展新业务”的原则，如果没有合适的人担纲，那么即使眼前出现的机会再大也不会启动新业务。而很多酒商的做法与D公司的做法正好相反，负责人将全部精力都放在了拿产品上，结果拿到了后才发现公司内部并没有合适的人去运营产品，最终导致无法取得预期的经营结果。

在对D公司进行调研期间，我们深度访谈了该公司旗下各分公司的负责人，发现每一个分公司的负责人对业务动作和业务管理都了然于胸，并且对各名酒企业的战略有深刻的理解。

D公司有一个习惯，即每年都会约名酒企业的负责人一起制定年度运营规划，然后再基于年度运营规划梳理运营动作，这个行动也使D公司每年都能获得名酒企业针对性的资源支持。与此形成鲜明对比的是很多酒商对名酒企业的优惠政策盯得紧，争取到了却又不能最大化利用。如今各名酒企业提供的优惠政策背后都跟着一套成系统的运营动作要求，如果酒商不能把运营动作落地，是没办法获得优惠政策的。

近几年，一众名酒企业实现了跨越式发展，很多酒商也因此吃到了行业红利，但也有被洗牌清理的——那些缺少品牌运营能力的酒商，被迫缩小经营范围甚至代理权直接被拿掉，它们苦捱了很多年，却没能抓住好不容易出现的发展机遇。

但最根本的原因，还是这些酒商的组织能力不足，没有储备起足够的的运营人才，导致公司的品牌运营能力与名酒企业的要求不配套。

（三）打造渠道建设能力

近年来，白酒的销售渠道呈立体化、碎片化发展之势，而且渠道的多元化进程仍在继续——从小红书到快手、抖音，新的销售渠道仍在不断出现，多渠道并存已成定局。依白酒行业交易额巨大的特性来看，任何一家酒商想靠单一渠道扩大销售规模几乎是不可能的，最多能“小而美”地生存，若想谋求更大的销售规模，就必须构建起立体的销售渠道。

很多曾与酒企有亲密合作的酒商后来被酒企疏远，就是因为渠道建设能力不够——没有强大的渠道维护和开发团队。这些酒商以前可能代理了酒企的全系产品，但因渠道建设不力，只能眼睁睁看着手里的产品被不断剥离。

D公司代理的产品从几十元的光瓶玻汾到超高端的茅台都有，代理的品牌面广，价格带也很宽，那该公司是怎么做到把这些数量众多、档次不一、价格迥异的产品同步经营好的呢？奥秘就是该公司拥有极强的立体渠道构建能力。

首先，D公司重视线下的烟酒店和餐饮店两条流通渠道，两条渠道上的销售业务齐头并进。烟酒店和餐饮店这两条渠道的维护成本高，见效慢，销量小，很多酒商都舍弃了，但D公司考虑到烟酒店和餐饮店是中低端白酒的主要饮用场所和消费培育场所，因此不惜投入人力、物力去维护和拓展这两条渠道。

其次，D公司重视团购业务，大力开发次高端白酒的销售渠道。随着国人生活水平不断提高，次高端白酒的消费也呈扩容式增长，酒商只要能够经营好次高端产品，基本上都能收获不错的利润，但要想做到这点，酒商需要有核心终端资源和直接面向团购客户的销售团队。为此，D公司要求旗下各分公司都要组建起维护核心终端的团队，团购业务团队则在总公司的层面组建，由公司总经理亲自挂帅带队。得益于公司对团购业务的高度重视，2019

年D公司依托5家名酒专卖店开展团购业务，取得年销售额超3亿元的成绩，而团购业务也成为公司重要的利润来源。

此外，D公司在本地最大的批发市场设立批发档口，与国内知名的白酒连锁零售企业合作，布局零售业务；新冠疫情期间，微信群带货、直播带货风潮兴起，D公司第一时间组织人力开拓网上带货业务……

通过各种办法，D公司织起了一张覆盖全国的立体渠道网络。

能不能构建起立体渠道网络，本质上还是考验企业的组织能力，有强大的组织能力，企业才能招到或孵化出渠道运营的人才。很多酒商并非不知构建立体渠道网络的重要性，奈何组织能力弱，导致无将可用、无兵可用，只能眼睁睁看着自己的阵地失守。

（四）打造经营消费者的能力

“不能链接C端，未来将无生存之地”，这句话是市场给酒商的警告。

为什么经营消费者的能力关乎酒商的生死存亡呢？因为随着白酒消费市场由渠道驱动增长型向消费者驱动增长型转变，各酒企越来越重视酒商的消费者经营能力，酒商在消费者经营上的地缘优势才是吸引酒企的核心竞争力。

这一点从酒企的费用投放变化上可见一斑。近年来，酒商很难再获得酒企的费用资助了。为什么呢？因为酒企将原来投放到渠道的费用转投到消费者教育上去了，例如办回厂游、开品鉴会，为各种圈层活动、社群活动、赛事活动提供赞助等。如果酒商不具备经营消费者的能力，那么单从费用支持的角度看，就损失了一大笔，后面可能还会失去酒企的资源支持。

D公司对此有深刻的认识，总经理逢经营会必提消费者经营，同时亲自挂帅主抓消费者经营相关工作，不做甩手掌柜。D公司除通过传统渠道直面消费者外，还充分利用互联网手段，通过组建社群、开直播等方式获客，并提供优质服务，维持消费者的黏性。

三、科学规范的顶层设计为公司持续发展提供了底层支撑

深厚的“家文化”、团结的董事会、既有梦想又有能力的领导者、高效成熟的运营机制和合理的利益分配机制构成了D公司的顶层设计，正是这一套顶层设计为D公司迅猛而持续地发展提供了底层支撑。

（一）人心所向的“家文化”

一个好的企业文化，其价值是不言而喻的。好的企业文化是企业向心力、员工内驱力的源泉，是企业破解发展难题、留住优秀人才的重要抓手。企业文化能否产生价值，关键在于它是否转化成了企业或员工的正向行为。

D公司在20年的发展历程中逐渐建立起了以“亲情+信任+奋斗精神”为核心的企业文化——奉行“诚信、责任、双赢、感恩”的经营理念，核心价值观为“为员工谋求发展，为股东创造

效益，为企业塑造品牌，为社会贡献价值，为成为中国酒类流通行业超级经销商而奋斗”，并很好地实现了文化传承。这种企业文化成为推动 D 公司发展的核心动力。

在调研 D 公司时，我们发现该公司旗下多家分公司的中层以上干部全部是从内部提拔的，而且员工流失率非常低。在 D 公司，每名新进员工都有老员工“传帮带”，任何一家分公司遇到经营难题时都可召集其他分公司的负责人共同商讨对策，公司为全体员工缴纳“五险一金”，各层级的员工都有资格成为股东，优秀员工可享受带薪旅游……一系列充满人性关怀的政策使 D 公司变成一个让员工有极大安全感和归属感的大家庭。

得益于“家文化”的强大吸引力，D 公司在 20 年的经营过程中沉淀了大量优秀人才，即便公司经历过困难时期，核心骨干也未曾流失。2013 年，白酒行业进入低迷期，该公司旗下两家分公司陷入亏损，其中一家分公司不得不解散营销团队，但团队负责人选择了留下转做基层服务工作。2016 年白酒行业复苏，这位团队负责人再次组建起营销团队，助力公司在 2019 年取得某白酒品牌销售额破亿的辉煌业绩。

很多酒商都是家族企业，核心骨干基本上都是家族成员，但这并不意味着企业就会有“家文化”，相反更易形成对企业发展有害的“小团伙文化”。秉持科学规范的管理理念，用人唯贤不唯亲，对家族成员和非家族成员一视同仁，以贡献论赏罚，以价值衡量去留，才能形成“家文化”。

（二）高度团结的董事会

怎样才能做好合伙经营，做到“1+1>2”，这是令很多酒商感到头疼的问题。

D公司也是一家合伙制公司，它是由几名创始股东共同发起成立的，之后也不断吸纳新的股东。20年里，D公司的股东们一直保持着良好的合作关系，这得益于公司拥有科学合理的股东治理结构。

D公司设有董事会，代表大小股东行使权利，所有重大事项的决策均需经董事会商议批准。董事会成员有明确的分工，例如有人专门负责对外关系，有人专门负责内部经营。董事会给总经理以充分授权，不越权干预总经理的经营管理，只帮助解决难题，同时也给予各分公司负责人充分的自主权。

公司的非业务股东只参与分红，不参与经营，边界非常清晰。当然，股东们共享收益，也要共担责任，当公司遇到困难时，股东们都会全力付出，帮助公司渡过难关。

（三）有梦想、有情怀、有能力的领导者

D公司的老板是一个有梦想、有情怀的人，其梦想和情怀不只体现在他希望公司聚焦名酒经营，成为中国白酒流通领域的超商上，更体现在其经营理念、管理理念上。

在用人方面，老板唯贤不唯亲，把人品放第一位。在他看来，一个人能力不足可通过锻炼提升，有弱点可针对性消除，但如果人品有问题，那么是万万不可用的，否则这人的能力越强，位置

越高，破坏力就越大。

在员工培养和任用方面，老板认为不能急功近利，应该给那些人品好的员工充分的时间去成长，相信他们成长起来后会成为公司忠诚的核心骨干。

在吸引年轻人方面，老板认为给员工提供良好的办公环境是重要的手段之一。D 公司 2019 年在省会城市的商业中心购置了办公楼，员工每人平均拥有 20 平方米的办公空间。

在分钱方面，老板可谓豪爽大气。D 公司从 2015 年开始进行股份制改造，一些核心员工也有机会成为股东，享受公司分红。公司每年还会拿出 20% ~30% 的净利润来发放奖金，包括绩效奖、年终奖等。在老板看来，钱不是最重要的，人才是最重要的，钱聚则人散，钱散则人聚。

我们访谈了 D 公司从店员到分公司总经理各个层级的人员，他们无一例外都对老板高度认可，并由衷地钦佩，与钦佩之情相伴而生的是安全感和忠诚之心。

（四）高效成熟的运营机制

D 公司代理了多个知名白酒品牌，能够全部运营成功，与公司拥有高效成熟的运营机制分不开。

D 公司代理的每个品牌都有指定的运营分公司，实行分公司总经理负责制，总公司为每个品牌的运营配置专项资金和专项业务团队，辅助分公司开展运营工作。各分公司的总经理拥有独立的运营权，对分公司的业绩总目标负责。

基于自己是业务驱动型公司的定位，D 公司主张“管理不能大于经营”，业务团队规模要尽可能满足经营需要，职能部门的人员要尽可能少，财务、行政、企划、市场管理、仓储物流等职能部门隶属总公司，总公司根据分公司和项目的需要进行统筹调度。D公司的行政、企划是同一人，她同时还担任总经理助理，而全公司的专职司机竟然只有一个，可谓将精简职能部门人员做到了极致。精简职能部门人员不仅能节省成本，还有利于形成良好的工作氛围，因为员工在工作量饱和的情况下，只能把精力和时间都花在工作上，没时间去聊天、八卦。很多酒商的工作氛围不好，员工拉帮结派，公司里小道消息满天飞，问题就出在闲人太多上面。

（五）合理的利益分配机制

取得“钱散人聚”效果的前提是会分钱。分好钱，才能真正产生激励效果。

很多酒商的老板疑惑，自己已经把钱分了，为何还有那么多人不满意？中国有句古话叫“不患寡而患不均”，要让人人都满意，必须做到“均”，让所有员工都觉得钱分得公平公正。

D公司是如何进行利益分配的呢？

D公司各分公司的项目负责人的收益与其所负责项目的运营情况挂钩，业务人员的收益与个人业绩紧密挂钩，职能部门人员的收益与对口服务的业务板块的收益挂钩。也就是说，各分公司业务部门获取的收益除了用于分配给自己的部门成员外，还要留出一部分收益给对口服务的职能部门人员。职能部门人员虽然归总公司管理，但他们的收益与所服务的分公司有关，这就确保了职能部门人员的服务品质。此外，各分公司还要留出一定比例的收益给总公司，用于股东分红和发放奖金。在这样的利益分配机制下，D 公司内部形成了良好的合作氛围。

四、事业合伙人制激发团队能量

对很多酒商而言，制约其发展的因素并非业务不行，而是经营模式不行。一些酒商很早就获得了极好的产品资源，但不科学的经营模式最终导致公司发展到一定规模后便陷入瓶颈，止步不前甚至倒退。

2015 年，D 公司开始进行股份制改造，向核心员工开放股权，股东数量由原来的 5 人增加到 26 人，董事会也新增了 2 名董事，公司的经营模式正式变更为事业合伙人制。

D 公司的股份制改造之所以能获得成功，有四个重要因素：

第一，创始团队的分享理念为股改成功提供了坚实支撑。创始团队中任何一个人不愿让员工分享公司发展红利的话，股改都不会成功。在股改的作用和价值上，创始团队的成员们取得了一致认知。

第二，信任让股改顺利落地。股改是一场双向奔赴——创始团队相信员工享受到更多的公司发展红利后会做出更大贡献，员工成为公司股东后更利于实现自身价值。

第三，公开透明的财务制度和分配原则保障公平。这是任何公司想要股改成功必须具备的硬性条件。如果公司账务混乱，利益分配方式不清不楚，那么不会有员工愿意成为股东。

第四，以强有力的机制为股改护航。D 公司对于员工股东的筛选标准、配股比例、权益分配、退出机制等都有清晰规定，合法规范，让员工股东们吃下了“定心丸”。

D 公司通过股改把经营模式转变为事业合伙人制，让公司核心员工的身份由“打工者”变成了“老板”，工作有了内在驱动力，同时也在公司内形成了“比学赶超帮”的竞合氛围——各分公司均有核心员工是总公司的股东，大家在相互竞争的同时，又因有利润分红这一利益捆绑而密切合作。

事业合伙人制让 D 公司的团队变得更加稳定，核心员工的流失率极低，这为公司业务高速稳定发展提供了有力保障。

股改成功给 D 公司带来了强大的组织能量。D 公司的老板表示，在未来，股改还将随着公司的发展持续深化，让更多为公司发展做出突出贡献的员工加入股东队伍。

五、向 20 亿级酒商迈进之路

经过多年的经营和积累后，很多酒商目前已是资金实力雄厚，拥有一定的名酒资源和渠道网络。但时代在变迁，如今白酒行业已由增量竞争阶段进入存量竞争阶段，很多上了规模的酒商的核心竞争力越来越弱，可持续发展的动力支撑不足，跟不上好品牌的发展，没有合适的接班人，团队老化现象严重，公司大而不强。

在存量竞争阶段，各酒商对优势资源的抢夺更为激烈，华润、复星等优秀外部企业的加入改变了竞争格局，那些大而不强的酒商很可能被淘汰。因此，上了规模的酒商们不但要考虑生存问题，还要考虑可持续发展问题，不但要做大，还要做强。

D 公司并不满足于现状，而是采取了一系列措施来提升核心竞争力，继续做大做强，向 20 亿级酒商迈进。

（一）在战略规划的指引下开展多元化业务布局

在 D 公司的战略规划中，公司将持续深耕白酒行业，坚持名酒战略不动摇。在这一战略规划的指导下，D 公司开启了多元化业务布局。

当很多酒商把在市场开档口做批发视为落后的业务时，D 公司却一脚踏进了这个领域，大力发展批发业务，因为公司领导层认为白酒批发市场层级多、涉及面广，批发业务是有价值的，只要认真经营，就可达到一定规模。果然，在短短的三年内，D 公司的批发业务就做到了亿元规模。

D 公司还开设了名酒专卖店，用以承载品牌名酒的零售和自有品牌白酒的零售及团购；面向全国开展品牌名酒包销定制业务，以扩大经营区域范围；进入新零售领域，与国内知名的酒水零售企业合作开展连锁酒水零售；积极孵化智慧物流和同城 C 端配送，把线下与线上业务融合，满足网购时代的消费者需求。

（二）加强内部管理，建立人才梯队

处于不同发展阶段的企业所需要的组织能力不同，若组织能力的提升速度跟不上企业的发展速度，企业就会身陷险境。在从 10 亿级酒商向 20 亿级酒商迈进的路上，D 公司对公司架构进行了

调整，以确保组织能不断生发出新能力，孵化出堪当重任的中高层干部。

张丽俊老师在《组织的力量》一书中提到，处于扩张期的企业在人才梯队建设上会遭遇一个挑战：老的管理干部跟不上，大量新招来的管理者又不能满足企业发展的需要。D公司也确实遇到了这样的挑战，为此，该公司持续强化内部管理，优化管理制度，加强人资建设，并采取了两个措施来建立人才梯队，以提升公司员工的整体素质，为公司的长远发展储备人才：

一是完善机制，选拔出能搭建起新管理体系的中高层管理者。随着规模扩张，公司不能再是人管人，而应是机制管人、流程制度管人。中高层管理者要具备搭建新管理体系的能力，才能扩大管理半径，让公司有序运营。

二是搭建内部人才培养体系。老员工需要生发出新能力，新员工需要快速融入团队，企业文化需要传承，而这一切都需要通过完善的人才培养体系来实现。

（三）坚持做好消费者的经营

在“后终端”时代，经营消费者的能力对酒商来说是无比重要的一项能力。拥有充沛的资金和丰富的市场经验并不意味着酒商就可以高枕无忧，谁有能力掌控渠道、有能力做好消费者培育，谁才能最终赢得酒企和消费者的心。

在消费者经营方面，D公司持续加大人员投入、管理投入和激励力度，将消费者经营能力打造成公司的核心竞争力。

划重点： 本章展现了一个10亿级酒商是如何从顶层设计、经营模式、运营机制、人才培养等方面打造组织能力，从而实现可持续发展的，那些有志于成为超商的公司或许能从中获得一些启发。

结　语

酒商数量众多，规模不等，模式各异，本书所分享的案例只代表了部分酒商，还有很多的优秀酒商值得我们研究和学习。

最后，我想送给那些进入发展瓶颈期的酒商们两句话。

第一句话来自孙中山先生："世界潮流，浩浩荡荡，顺之则昌，逆之则亡。"企业经营不可逆水行舟，一定要认清形势，顺应时代潮流。"万物皆易，唯易不易"，这个世界只有"变"是永远"不变"的。我相信没有不想长久发展的企业，但要想长久发展，企业的领导者就必须能够洞察变化、跟上变化，那样才能实现持续成长、基业长青。

第二句话来自王安石先生："不畏浮云遮望眼，自缘身在最高层。"面对新的环境，一定要保持定力，透过现象看本质，找到变化中不变的核心因素，始终如一地坚持做下去。